一生折れない自信がつく話し方

青木仁志

ACHIEVEMENT PUBLISHING

はじめに　話し方を磨くとは人生を制することである

「自信をもって話せるようになりたい！」

そう望むあなたに伝えたい。

今から、あなたが取り組もうとしていることは、あなたが人生で成し遂げたい、叶えたいと望むものの、ほぼすべてを手に入れることと同じなのです。

職場、親子、夫婦、恋人……。

あらゆる場面で人はコミュニケーションを取ります。そこには自分の望みがあり、相手の望みもある。ぶつかることもあります。

もし伝える力があったらどうでしょうか？

意見の食い違いや認識のギャップは起こりません。
あなたが叶えたい望みは叶い、問題は瞬く間に解決してしまいます。
それどころか、相手は最大の協力者としてあなたを支援してくれます。

古今東西、あらゆる話し方の本が世に出ています。しかし、いまだにこの分野の本が売れ続けているのはなぜでしょうか？　それほど習得するのが難しいからでしょう。

なぜなら、話し方を磨くとは、まさに人生を制することと同じだからです。

自分でこういうふうに話せるようになりたいというイメージがある。そのためにどういうことを話すべきかもわかっている。しかし、いざその場面になるとうまくできない……。話すのが苦手という人の原因は、ほぼこの一点にあります。

頭にイメージはあるのに、うまく話せない。身振り手振り、言い回し、雰囲気の出し方……。うまく表現できない要素は多岐にわたります。

だからこそ、うまく話せるようになるためにはトレーニングが必要です。わたしは、人前でうまく話せないという人が、しっかり訓練することでそれほど長い月日をかけずに、プロのスピーカーへと成長していく姿を何人も見てきました。

あえて声のトーンを落として注意を引きつけたり、迫力や熱意を非言語で表現するニュアンスや意図はわかっているのに、相手のほんの些細な表情の変化や態度から、どう思われるかが気になってうまく表現ができない。余計な不安、思考が自信をもった話し方の障害になっているパターンもあります。

どちらにしても原因は話し手の思考にあります。発信によって相手の行動変容を起こす、こちらに協力をしてもらえる、求めている関係性をつくっていくという結果を得るためには、**あなた自身がそのメッセージに生きることが不可欠です。**

この意味を本書で深く理解すれば、こうすればいいというお手本の話し方はあるものの、あなたがそれをすべて完璧に再現できなくても求める結果は得られます。100パーセント教科書どおりに実践しなければ、成功しないわけではないということを理解してください。

それでも心のどこかで「自分にはできないんじゃないか」「(相手の表情を見て)嫌がられているんじゃないか」という、成功に向けてはまったく無用な不安、考え方が頭をもたげてくるでしょう。それは、あなたが「こうなりたい!」というものに対して、あなた自身でブレーキをかけてしまっている状態です。

なぜ、あなたはこの本を手に取ったのでしょうか?

多かれ少なかれコミュニケーションにコンプレックスを抱え、悩んでいませんか?
うまく伝わらない場面で、自分の無力さを感じたことがありませんでしたか?
言いたいことが言えず、もどかしさをおぼえたことはありませんか?

しかし、ほんとうの問題はコミュニケーションがうまく成立しないことではないでしょう。

「何を言っても、相手の気持ちが変わらない」
「質問したいのに、皆の前だと恥ずかしくて聞けない」
「言い返したい場面で強く意見を主張できない」

対話の裏に**「こうしたい」というあなたの望みがあって、それが実現できなかったことが悩み**なのではないでしょうか。

つまり、伝える力はすべて、あなたのうまくいかないという思い込みにつながっています。

コミュニケーションに長けた人のメンタリティとは、物怖じしない、言うべきときに言いたいことをはっきりと言う、なんの恐れもない、影響を受けるのではなく与えているといったものでしょう。

もちろん、ただの虚勢や強気な主張とは異なります。相手が満足し、強力な支援をもらえる。そんな深いレベルでのコミュニケーションです。

そうした心構えさえ身につけてしまえば、人生のほとんどの問題は解決できてしまうものです。

わたしは20代からプロセールスの世界に入り、マネジャーとなってからは世界一のセールスパーソンを育てました。その後、トレーナーとなり、延べ40万人以上の人を前に話をしてきて、プロのスピーカーも４００人近く養成しています。

トレーニングに参加したRさんは技術畑出身の経営者で、人前で話すのが大の苦手でしたが、経営者として伝える力が必要だと考えて研修を受けました。そこで学んだことを現場で実行し、また学ぶというサイクルを繰り返す姿勢は、まさに自分がこうしたいという願望に対して素直に向かう生き方でした。

Rさんが話し方をトレーニングするにつれ、退職者は減少し、会社は毎年売上を伸ばし、事業承継に成功したあと、60歳を過ぎた今は再起業にチャレンジしています。

「伝える」ことを専門に磨き続けて、指導しながら40年が経った今、わたしは自信をもって話せるようになると、次のようなことが実現していくと実感しています。

◎相手が自分のことを有益な人物だと評価してくれる
◎いつのまにか相手に影響を与える立場になっている
◎相手がこちらの意見に耳を傾け、伝えたことに自らコミットして行動してくれる

コミュニケーションには、自分の人生の思いを叶えていく原理原則が集約されています。話し方を磨くと、行動力、意思決定力、継続力など、あなた自身が実現したいことを前向きに遂行していくために必要な能力すべてが向上します。なぜなら伝える力を高めるためには、メンタル面の成長が不可欠だからです。

自信をもって堂々とした振る舞いをし、自分の言葉に力をもたせるには、伝える力を高めるだけではなく、やりたいことを実現していくための思考を育む必要がありま

す。それをこの本で伝えたいと思います。

あなたは、今はまだ自信がないと言うかもしれません。私自身も何もないところからスタートしました。コンプレックスだらけでした。それでも伝える力を磨いていくことが、人生で叶えたいことを実現する原動力となっています。

生い立ちも年齢も境遇も関係ない。資本もいらない。話し方は誰でも今すぐ変えようと思えば変えられるものです。必要なのは変わろうとする決意。言い古された言葉ですが、あなた自身が変わろうと思えたら、今、この瞬間に変われます。

話し方を磨くことで人生を制する。

その奥深い世界について、あなたの心の声と対話していきましょう。

一生折れない自信がつく話し方

目次

第2部 今すぐ始める「心が通う会話術」

第3部

一生折れない自信を育む「自己対話」

第4部

ますます自信がつく「相手を活かす話し方」

第１部

1 一生折れない自信がつく話し方

自信をもった話し方とは？

あなたは、これまでたくさんの話し方についての本を読み、あるいはセミナーに参加したり、動画で学習してきたかもしれません。

残念ながら、自信をもった話し方を手に入れたいと思っても世の中には「この方法を実践していれば、どんな場面でも絶対にうまくいく」というものはありません。

しかし、実際には**いつ、どんなときでも、自信をもってうまく話せる人**がいます。そういう人たちは〝うまくいく方法〟を確かに知っています。それを〝自分のもの〟にしているので、状況に合わせて修正することができ、結果、いつでもうまく話せるように見えるのです。

何かのノウハウを知りたいときには「早く結果が出る方法を教えてくれ！」と思いがちですし、わたしも若いころはそうでした。

ただし、それだと良い時は良い、悪い時は悪いと、結果が安定しなくなります。「なぜそれがうまくいくのか？」という仕組みを理解し、実践し、場面に応じて使いこなせるようになるまで学びを醸成させることが重要です。

多くの人がなぜ自信をもって話せるようになりたいかといえば、相手の心を動かすことができるからでしょう。自分だけ自信満々で話しても、相手が納得したり、共感してくれなければ伝わっていません。あなたは自信をつけて話すことで相手に影響を与え、自分の望むことを実現したいと思っていることでしょう。

そこで最初に**自信をもった話し方が身につくと、どうして願望が叶うのか？**を理解しなければなりません。

自信や話し方には形がないので、大抵の人は自信をもって堂々と話せるようになりたいと思いながら、「自信をもった話し方」そのものについては〝なんとなく〟で捉えてしまっています。

そもそも、自信とは自分で自分をどう捉えているか、**あなたがあなたをどういう存在、キャラクター、イメージで見ているのかという自己像**のことです。自己概念とも言います。自信がつくとは、自己概念が高まるということですが、なぜ自己概念が高まるのかというと、あなたが深いところで自分を愛するからです。

自分の存在を愛し、その価値に気づくから自分に自信がもてて、「自分はこの社会に必要で価値ある存在だ」と肯定的な価値観になり、「もっと自分の力を発揮しよう」「世の中にもっと役立てる」と信念が育まれて、人生に期待し、物事との向き合い方が変わり、話し方、言葉の選び方、すべてが変わるから現実に結果が出ます。

つまり、**話し方を磨くとは「あり方」を磨く**ということなのです。

自己愛（自尊心）➡自己概念（自信）➡価値観➡
信念➡期待➡態度➡現実を決定する

これが、願望が現実になるプロセスです。

それまで「何も意識していなかったが、不思議と円滑にコミュニケーションができた」という経験はありませんか?

はじめて会った人と話が弾んで、トントン拍子で仲良くなった。

これまでなんとなく苦手だった人と、ふとした会話から急速に心の距離が縮まった。

何かの集まりでその場にいるみんなとすごく盛り上がった。

多岐にわたれば、誰でも一度くらいはコミュニケーションがうま

くいった例があるのではないでしょうか？　それらを思い返したときに、あなた自身は「こういうことを言って、こう興味をもたせて、こう話を引き出させて」ということは考えていなかったと思います。

ただ、相手に集中している。あるいは会話が盛り上がってワクワクしている。結果ではなくその瞬間にフォーカスしていて、どう思われるかといった余計な雑念は入っておらず、いつのまにか言葉に自信が満ち溢れているから、コミュニケーションが円滑になるという状態です。これが「態度が現実を決定する」ということです。

つまり、コミュニケーションの理想とは、自然体でその場にいる人全員が肯定的な思考ができるようになることです。

まずはあなた自身が、なぜ自信をもった話し方で願望が現実となるのか、このメカニズムを理解し、**いつでも肯定的に物事を捉えられるような姿勢でいる**ことが、話し方を磨く第一歩です。

自信をもった話し方とは？

自然体で伝えたいことが体現できている
その場にいる全員が肯定的な思考になる

話し方を変えれば人生が変わる

何かの教えを学び、自分で自分に発破をかけて身につけようとしているものの、イメージどおりにできない。わたしもこのタイプでした。最初は「これをします！」とやる気が湧いてきて決意表明するものの、忙しくて具体的な行動を起こせない。

今でこそ、トレーナーとして40万人以上の人を指導し、プロのスピーカーを育成している立場ですが、元々は北海道函館市に生まれて、学歴もお金も人脈も何もないまま上京し、アルバイトを転々としながら、母親と二人暮らしをしていました。

あるご縁からフルコミッションセールスの世界に入るものの、1ヵ月間まったくオーダーが出ずに、「自分には向いていないんじゃないか」と挫折しました。

身近にはピカピカに輝いている先輩がいたのです。わたしがお客様にしたいと思うような一流の人たちと対等に話し、お客様の心を完璧につかんでいる。そういうセールスパーソンたちを見て、自分もそういう人間になりたいと思い、枕元にセールスキットを置いて、毎朝、鏡に向かって「お前はセールスの天才だ」と自己暗示をかけるように声に出して、セールスで結果を出すことを願っていました。

トークは練習によって日に日に上達するものの、他人と自分を比較して、「自分は劣っている」と思い込んで、そのメンタルが出てしまうので、お客様の言葉・反応にも当然左右されてしまいます。そのため、お客様とのアポイントは取れても結果が出ない時期が続きました。

見た目の印象もいい、話し方、声のトーン、話す順序も上手なのに、今ひとつ自信を感じない。話の内容は理解できるけれども言葉に力がないので納得できない。他人の行動変容を促すことができない人たちがいます。

それは願望が弱いからです。求めるものを手に入れようとしない、発信するメッセージに自分自身が生きていない。こちらがもどかしさを感じるほどです。

自分の欲しいものを得るために、思いを伝えて相手の願望に働きかけるということを私たちは遠慮しがちです。ところが、話し方で人生を変えようと思ったら、対人関係においてはこの要素こそが必要なのです。

ほんとうは欲しいのに、手に入れられずに失敗したときの恐怖を味わいたくないために逃げてしまうというところが、行動できないという結果につながっています。もっと自分の願望に対してストレートに生きる自分を育ててもらいたいと思います。

皆、理想は言えるのです。「あなたの目標、数年後になりたい姿を教えてください」と聞けば、なんらかの答えをもっています。イメージをもっています。

次に「ほんとうに心の底からあなたはそうなれると思いますか？」と尋ねると、ほとんどの人は揺らぎます。これは当たり前だと思いますか？

わたしはとても興味深いのです。自分はこうなりたい、そうなれば幸福になれるとわかって描いているイメージがあるのにもかかわらず、「でも難しいかも……」「半分くらいは達成できそう」と、年々あきらめが早くなっていくのです。

人は、自分がどれほどの存在かというものを自分自身で決めてしまっています。理想を決めた瞬間に「未来はそうなる！　なぜならそれを必ず達成できる自分だからだ！」と、確信をもって言える人はほとんどいません。

理想はあるけれどそうなれる確信はない。こうした思いをしたことは皆さん、多かれ少なかれあるでしょう。わたしも同様でした。

わたしがなぜそうなってしまっていたかというと、コンプレックスがあったからです。学歴も家柄もない。他人より劣っていると思っているのに、ほんとうの努力をしようとしなかったので職を転々として、あらゆることを環境のせいにしていました。

そうやって生きてきた人間が、「よし、今日からセールスの世界で結果を出すぞ！」とフルコミッションセールスの厳しい世界に入っても変わるはずがありません。そんなに簡単に人は変わりません。わたしのスタートは決して人にほめられたようなものではありません。色々な人に迷惑をかけ、自信を剝ぎ取られそうになったこともたくさんあります。

なぜ継続できたかというと、「成功する人と失敗する人の違いは何か？」を突き詰めたからです。

セールスの世界にいるときは、「売れる人と売れない人の違いは何か？」をつねに考えて、トップセールスを真似ることで、自分の中で「売れるようになるためには、これが大切なことなんだ」というものが身につきました。第1部の冒頭で述べたうまくいく方法を〝自分のもの〟にしたのです。

部下をもってからは、今度は部下に対して「どうすれば売れるようになるのか？」を考えて、セールス、自己啓発、カウンセリング、心理学などさまざまな分野を学び、「部下が成果を出すためにどうするのがベストか？」を突き詰めました。

メンバー一人ひとりと向き合うと、「売れるようになりたいわけではない。売れるようになって成し遂げたいものがある。手に入れたいものがある。自己実現したいことがある。でも、うまくいっていないことに悩んでいるのだ」とわかってきました。

今でもトレーナーとして「人は願望があるのに、するべきことはわかっているのに、なぜ実行・継続できないのか？」ということの永遠の課題を探究しています。

こうして「知る」「わかる」「おこなう」「できる」「分かち合う」と、段階を追って能力開発したことで、セールスから段々とプロのスピーカーを養成できるようになりました。今では、**話し方を磨くとは、何より自分の目標や願望を叶えていく力を高めることと同じなのだ。結局はメンタルが左右するのだ**という答えに行き着いています。

そして、メンタルを深く探究していくにつれて、最後は「自分という存在をどのように捉えているか」という自己概念がその人の生き方まで決めていることに気づきました。わたしは自分を愛し、自分という存在に自信をもてるように、自分で自分を育むことで結果として売れるようになり、トレーナーとして伝達力の本質を他人に分かち合うことができるようになりました。

かつてのわたしもそうであったように、決意したけれど継続できないという方の気持ちはよくわかります。人は「自分にはできない」という劣等感をもつ一方で自己愛があります。「今はまだ力がおよばないけれど、絶対に自分はよくなる」と、心の深いところでは思っているものです。その意思を原動力に、少しずつ自信を育んでいけばよいのです。

話し方を磨くことは能力開発そのもの

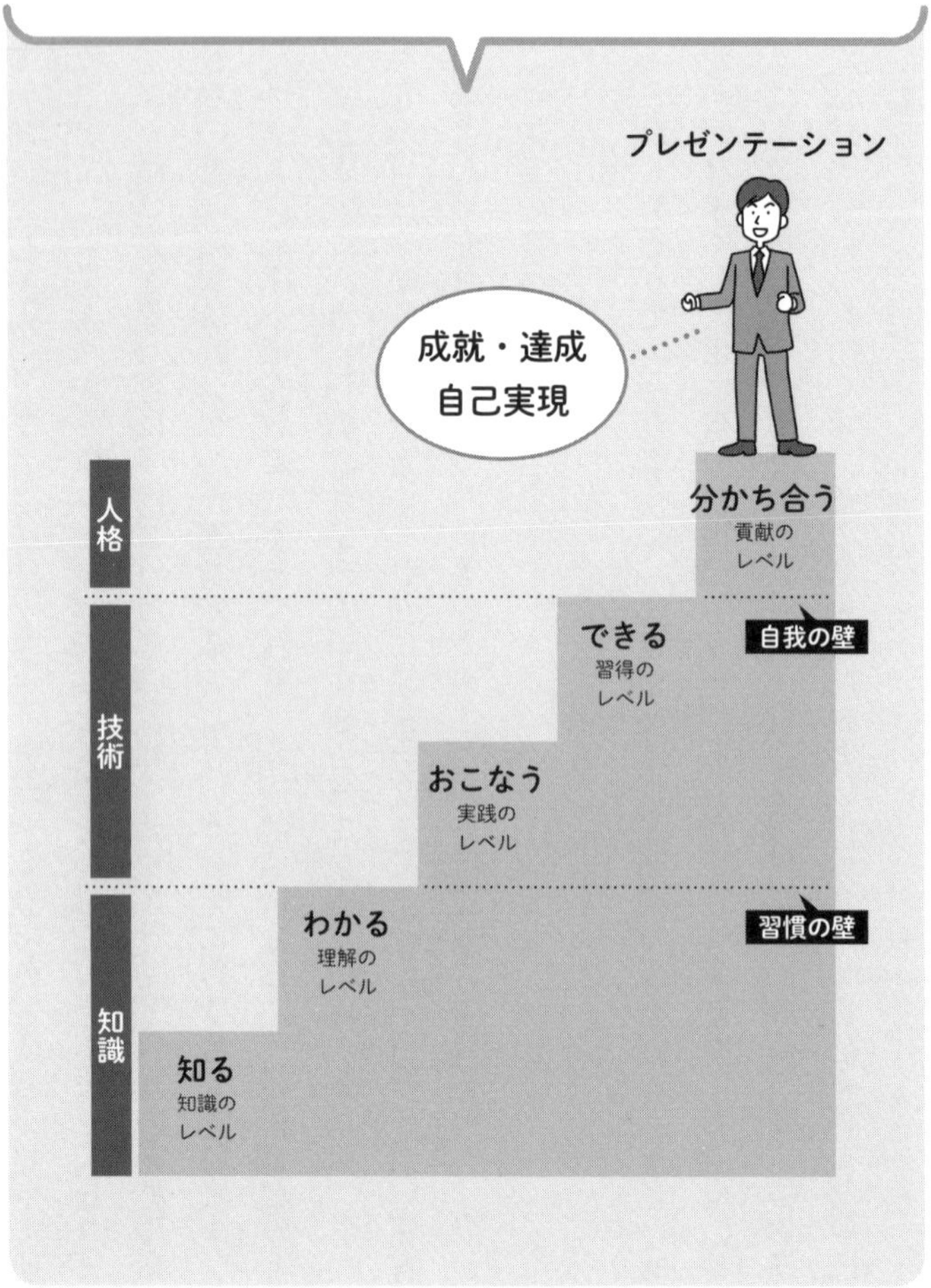
プレゼンテーション
成就・達成
自己実現
人格
技術
知識
分かち合う
貢献の
レベル
できる
習得の
レベル
自我の壁
おこなう
実践の
レベル
わかる
理解の
レベル
習慣の壁
知る
知識の
レベル

誰でも「聞き上手」になれる、たったひとつの考え方

「どんな話が聞けるかワクワクする」
「よし、一言も聞き漏らさないようにするぞ」
「この人と話すことをずっと楽しみにしていた」

あなたは人の話をこうした主体的な姿勢で聞いていますか？　それともＢＧＭのようになんとなく耳に入ってくる音声を拾っているだけでしょうか？

話すことを考える前に、「人の話をどんな姿勢で聞いているのか」を振り返ってみてください。

「特別なことは何も考えていない」
「無意識でなんとなく……」
「ちゃんと理解しているのに『聞いてる？』とよく言われる」
このような、どちらかと言えば、受け身の姿勢で話を聞いていないでしょうか？

話し方を上達させたければ、まずは聞き上手になることです。「聞く」スキルを高めることは、まさに人生を一変させるほどのインパクトがあります。

誰でも聞き上手になれるひとつの考え方があります。それは「積極的に相手を思いやる気持ち」をもって話を聞くことです。

あなたが「あぁ、有意義な時間だった」と、相手との会話の価値を実感したときには、どんな感覚を味わっていましたか？　たんに受け答えがしっかりとしていたとか、有益な情報のやりとりができたとかだけではないものがあったはずです。

充実したコミュニケーションには、話の内容以上に「この人はちゃんと話を聞いて

くれているな」「自分と同じ感覚になってくれているな」という共有感覚が、何よりも重要です。

ですから、「聞く」というはっきりとした意思をもって対話すると、たとえ相手の話に興味や関心がもてなかったとしても、円滑なコミュニケーションができます。聞き上手は話し上手なのです。

つまり、**話がうまい人は、「話の内容」より「話し手」にフォーカスしています。**

それが積極的に相手を思いやる気持ちをもって話を聞くということです。

いつでもどこでも自分の興味ある話題が出てくるわけではありませんが、話し手に焦点を当てることで、話の内容に左右されることも少なくなります。会話そのものを楽しめるようになり、話も展開していきます。

意識をどこに向けているかで、会話は大きく変わります。誰でも「好きな人」や「関心のある人」の話にはしっかりと耳を傾けるでしょう。相手がどんなことに関心があるのか、何を欲しているのかを知りたいと思うからです。

これと同じように、誰に対しても、好きな人に対するのと同じように聞き上手になれる人がいます。それは「聞く」という行為が、自分の人生をよりよくすることを知っている人たちです。

人間は「この人を喜ばせたい、役に立ちたい」と思うだけで聞き方が変わるものです。相手の願望を叶えることで、自分の願望を叶えることにつながる。そうした人をパワーパートナーと呼びます。

選択理論心理学では、人間は遺伝子に組み込まれた5つの基本的欲求をもっているといいます。

①生存の欲求

健康や身の安全、長生きの願い、病気をしたくない、などといった5つの欲求の中で唯一、身体に関する欲求

②愛・所属の欲求
誰かに愛されたい、誰かを愛したい、人として仲間や社会に所属していたいという欲求

③力の欲求
人としてのステータスや重要感、人や社会に認めてもらいたい、他人や物事を自分の思いどおりに動かしたいという欲求

④自由の欲求
人から束縛されたくない、心の開放、経済的自由など、人生にほんとうの意味での自由を求める欲求

⑤楽しみの欲求
喜び、楽しみ、遊び、趣味、知的な欲求など

楽しかったこと、うれしかったこと、悲しかったこと、悔しかったことを、気の置けない友人に話したあと、満ち足りた気分になったことはありませんか?

それは話を聞いてもらうことで、あなたの基本的欲求が満たされたからです。


「わたしの話にきちんと向き合ってくれた」

「自分の気持ちを受け入れてもらえた」

「わたしという存在を認めてもらえた」


話をすることで、このようにうれしくなったり、安心するのは、「愛・所属」「力」の欲求が満たされるからです。

あなたに話を聞いてもらった「大切な人」は、自分の欲求を満たしてくれた「あなた」という存在に好感を抱き、この人といると居心地がいいなと感じてくれるようになります。あなたにとって大切な人が、あなたを好きになってくれます。

好きになってもらえれば、自然とあなたの話にも耳を傾けてくれるようになるでしょうし、あなたにとって将来のパワーパートナーにもなってくれることでしょう。

まずは聞き上手をめざそう！

「話の内容」より
「話し手」にフォーカスする

何を欲している か？
どんなことに関心があるのか？

テクニックよりも大事なもの

聞き上手になるためには、会話中に自分が考えていることや、相手から見たときの自分の振る舞いを、客観的に把握することが有益です。何が良い振る舞いで、何が悪い振る舞いなのか。世の中に「聞き方」や「話し方」について書かれた本はたくさんあります。そこに紹介された数々のテクニックを習得して、自分のものにしていくのもよいでしょう。私自身も、セールスマンになりたてのころ、そうしたマニュアル本に目を通し、取り入れてきました。

ある日、わたしは優秀なセールスパーソンほどお客様との面会で話していないことに気づきました。その割合は「話す」が2割、「聞く」が8割といわれるほどです。

なぜ、優秀なセールスパーソンほど話をしないのでしょうか？

お客様のことを知るため、もっというとお客様の欲求を知るためです。どんなにおいしい料理を用意しても、お腹いっぱいなら関心をもってもらえません。聞き役に回ることで「お客様が何を求めているのか」を理解することに努めるのです。すると、どのセールスポイントを伝えればお客様のお役に立てるのか、すなわち自分の話すべきことが明確になるのです。

人は誰もが「認められたい、話を聞いてほしい」と思っている存在です。前述したように、「聞く」ということは、それだけで相手の願望を満たすことができます。

つまり、優秀なセールスパーソンはうまく話そう、説得しようとせずに、つねにお客様の立場に立って物事を判断しようとします。よいコミュニケーションには、「やり方」よりも「あり方」が大きく反映するのです。だから、話し方を磨いていくと、人生そのものがぐんぐんよくなっていきます。

「大切な人」を喜ばせたい。
「大切な人」の役に立ちたい。
目の前にいる人を幸せにしたい。

こうした**積極的な思いやり**をもてると、「聞く力」が劇的に高まり、「話す力」も同じように向上します。「聞く」と「話す」は表裏一体だからです。相手の話をしっかりと聞かないと、相手もこちらの話を聞いてくれませんし、相手の話を聞かないことには、相手のことはわかりません。

「人前に出るとアガってしまう」
「話の意図が伝わらない」
「話を理解してもらえない」
「話をすることで嫌われてしまわないか心配」

こうした理由から、会話に苦手意識をもっている人は、まずは相手の話をよく聞くという気持ちで会話してみましょう。自分自身に意識が向きすぎているかもしれません。

「何を話したらいいかわからない。だから話せない」

このような悩みをもつ人は、次の「致命的な7つの習慣」を避けて、**「身につけたい7つの習慣」**を実践してみてください。相手の言うことを傾聴して、支援する、励ます、尊敬する、信頼する、受容する、意見の違いについてつねに交渉する。

必ずしも自分から働きかけることだけが入っているわけではありません。傾聴したり、受容するだけでも相手の欲求を満たすことができるのです。相手の欲求が満たされると、会話は円滑に展開していくでしょう。

◉致命的な7つの習慣
批判する
責める
文句を言う
ガミガミ言う
脅す
罰する
自分の思いどおりにしようとして褒美で釣る

◉身につけたい7つの習慣
傾聴する
支援する
励ます

尊敬する
信頼する
受容する
意見の違いについてつねに交渉する

何を話したらいいのかわからないのは、相手のことがわからないからです。つまり、相手に話してもらえば話してもらうほど、相手のことを知れば知るほど、何を話せばいいのかが見えてきます。

これは私たち全員が経験しています。新しく出会う人よりも、昔からの友人のほうが話しやすいですし、自分の伝えたいこともうまく伝わるはずです。

「口は一つ、耳は二つ」といわれるように、耳の数は口の倍もありますから、まずは「聞く」ことに集中しましょう。

よいコミュニケーションには
「やり方」より「あり方」が大きく反映する

優秀なセールスパーソンほど
お客様の立場に立って
求めるものを聞くことに努める

会話の目的をはっきりさせることで苦手意識が消せる

私たちが話したり、聞いたりするのには、なんらかの目的があります。

「この人と仲良くなりたい」
「仕事を成功させたい」
「職場でストレスのない人間関係を築きたい」

世間話なら目的はないかもしれませんが、あらかじめ**会話する目的を設定する**ことで、逆算して話を組み立てることができ、話しやすくなります。
「相手と仲良くなりたい」のであれば、相手がどんなものに興味や関心をもっているのかを聞いてみたらどうでしょうか。

「目の前の人を喜ばせたい」のならば、相手が欲しているものについて聞いてみたらどうでしょうか。あなたがそれを提供できるかどうかはわかりませんが、相手を喜ばせるヒントのようなものが見つかることでしょう。

「ただ、おしゃべりを楽しみたい」という場合でも、あいづちを多くする、話の内容に大きく反応するなど、相手に共感を示すだけでも盛り上がっていきます。


わかりやすい例としてセールスの場面を見ていきましょう。セールスパーソンの目的は、商品の普及を通してお客様に貢献すること、つまりお客様から「イエス」をもらうこと、ご成約をいただくことです。そこから逆算して話の順序を組み立てます。


まずは、明るい笑顔とあいさつから入り、お客様に時間をつくっていただいたお礼を述べます。

「お忙しいなか、お時間をいただき、ありがとうございます」

次に商談に使える時間を確認します。

「本日は何時から何時というお時間でいただいていますが、よろしいでしょうか？」

相手の同意を得られたら、「本日は、お会いいただき、ありがとうございます。このご縁をいただいたことに感謝します。早速ですけれども、お忙しいと思いますので本題に入らせていただきます」と前置きをしてから本題に入っていきます。


まずはお礼、次にお客様から商談を進める許諾をいただく。このように本題に入る手順を一つひとつ踏みながら、あなたがいかに相手のニーズを満たそうとしているかを、礼儀正しさ、笑顔などを含めて表現します。これをセールスでは自分という人間を売り込むと言います。


お客様から信頼できる人間だという印象をもってもらえたら、会話の準備段階は終了です。次に対話へ入っていきます。ゴールは「相手が求めているものを提供すること」です。

「ノー・ニーズ、ノー・プレゼンテーション」といわれるように、必要性のないところに説明（セールス）は不要です。お客様が必要としていないものを、いくら売り込んでも売れません。先に述べたとおり、満腹の人にはいくらおいしい料理を出しても食べてもらえないのです。

だから、最初にするべきことは、お客様のニーズを知ることです。

「本日の訪問の目的は○○で、商品の説明をさせていただく前に、いくつかお伺いしたいのですが、よろしいですか？」

いきなり商品説明に入ることはありません。お客様が何を欲しているのかを「聞く」ことで一つひとつ確認していくのです。

たとえば万年筆ひとつにしても、自分で使うのか、贈答用として購入するのかによって話す内容は違ってきます。

自分用なら実用面、書き味やコストパフォーマンスなどが重視されるでしょうし、贈答用なら実用性はもちろん名の通ったブランド品が喜ばれるでしょう。

ここでは、お客様が「いつもお世話になっている社長さんへのプレゼントを探している」とわかったとします。
するを、次のような展開が考えられます。

「ご自身でお使いになるのでしたら、お値段も手頃で書き味にもすぐれたA社の製品をおすすめいたしますが、贈答用でしたら、こちらのB社の製品は少しお値段が張りますが、よろしいのではないでしょうか。3万円になりますが、ご予算としてはいかがでしょうか?」

「うーん、そうですね。予算は1万円ぐらいで考えていたんですが……」

「そうですか。もちろんその予算内の製品もございます。ですが、受け取る方の立場になって考えたときに、このB社の製品は世界のトップブランドですし、先方もどれほど高価なものかすぐにおわかりになるでしょう。使うたびに、お贈りいただいたことへのご恩と感謝を実感いただけるのではないでしょうか。

もちろんA社の製品も非常によいと思います。ご自身でお使いになるのであればお値段の点からもおすすめいたしますが、贈答品でしたら、最終的にはプレゼントされる側の立場になってご判断いただくのもひとつのアイデアだと思います。

どうぞご自身でご判断、ご決断いただければと思います」

物を売る、サービスを提供するという視点に立つと、商品説明を優先しがちです。しかし、それでは相手の問題解決はできません。「相手の悩みは何か？　どうしたらその問題を解決できるだろうか」とコンサルティング的な視点に立って話を組み立てます。

もっとも避けるべきは、自分の立場や論理を押しつけることです。思いやりに欠けた、一方的な話になってしまいます。**何かを伝えるという行為は、相手の求めるものに焦点を当てながら、自分が伝えるべきものを明示して、はじめて成立する**ものです。

ここではセールスを例に挙げましたが、大切な人を食事に誘いたいとき、悩みの相談に乗るとき、プレゼンテーションを成功させたいときなどでも同じです。**最初に相手と自分が満たされる会話の目的を定め、そこから逆算して話を組み立てていく**ことで、コミュニケーション力のある会話ができるようになります。

どんな会話もまず目的をはっきりさせる

相手と自分が満たされる会話の目的を定め、逆算して話を組み立てると苦手意識は消える

仕事の成功
仲良くなる
ストレスのない人間関係
相手の興味や関心

相手に好かれようとしない

コミュニケーションは水物です。目的から逆算して会話を組み立てても、そのとおりに展開することは少ないですし、目的を意識しすぎるがゆえに、相手の感覚を捉えることが疎かになって、「話には納得できるのに、なぜか気に入らない」と、かえって関係がギクシャクしてしまうこともあります。

ここで注意してもらいたいことは、会話は「話し手」にフォーカスすると言いましたが、**相手に好かれようとはしないことが大切です。**無理せず自然体で接したほうがコミュニケーションはうまくいきます。

「相手の役に立ちたい」
「喜んでもらいたい」
「目の前の人を幸せにしたい」

この「あり方」を自然体でできるようにすることが、話し上手になる究極の秘訣です。つまり、**会話力を磨くとは自分自身の心のあり方を磨くことにほかなりません。**

喜ばせたいと好かれたいは、似ているようで正反対の性格をもっています。「相手の役に立ちたい」「相手を喜ばせたい」という思いは、あくまでも自分主体の能動的なものです。

それに対して「相手に好かれたい」というのは、相手が主体となる受動的なものです。受け身になること（相手があなたを好きになるかどうか）は、あなたの力ではコントロールできません。

コントロールできないものに左右されると、「相手に嫌われたらどうしよう」「相手を怒らせたりしないだろうか」と不安な気持ちにもつながりやすくなり、自然体からはますます遠ざかっていきます。

相手にどう思われるかは
コントロールできない

相手の
役に
立ちたい
目の前の人を
幸せにしたい
喜んで
もらいたい
……という主体的な姿勢で、
無理せず自然体で接する

自分ばかり話してしまう原因

ありを方を磨くといっても、私たちは聖人君子ではありませんから、「衣食足りて礼節を知る」と言われるように、自分の欲求が満たされないかぎり、自分以外の人に興味や関心をもつのは現実には難しいでしょう。自分自身の欲求が満たされてはじめて他人の欲求を満たせるようになります。

「満たされていないから、満たしてほしい」
「わたしのことをもっとわかってほしい」
「人の話を聞くよりも、自分の話を聞いてほしい」

このように自分の欲求が先にきて、「聞く」ことよりも「話す」ことが優先されるようになります。

自分のことばかり話してしまうもうひとつの理由として、自己肯定感の低さが挙げられます。たとえば、売れないセールスパーソンほどよくしゃべるものです。これにはわたしにも少しばかり心当たりがあります。きっとそれは、売りたい気持ちが先走ってしまったこともありますが、セールスマンとしての自信が足りていなかったのです。お客様の反応が怖くて、「ノー」という言葉を聞きたくなくて、ちょっとした間ができるのが怖くて、話しすぎてしまうのです。

何があっても「自分がセールスマンとしてお客様の目線で話す。だからお客様には必ずご満足していただける」という自信があれば、お客様の反応に一喜一憂することなく、沈黙を恐れることなく、ゆったりと構えて、自分のペースで商談を進められることでしょう。

「人の話を聞くのが苦手」

「ついつい自分のことばかり話してしまう」

「相手の話を途中で遮ってしまうことがよくある」


これらにもし心当たりがあるようでしたら、自分で自分をカウンセリングしてみてください。

◉セルフカウンセリング

「わたしは何を求めているのか？　わたしにとっていちばん大切なものは何か？　わたしがほんとうに求めているものは？」

「そのために今何をしているのか？」

「その行動はわたしが求めるものを手に入れるのに効果的か？」

「もっとよい方法を考え出し、実行してみよう」

わたしは毎日自分にこのセルフカウンセリングをしています。願望を明確にし、行動を改善する質問を自分自身に投げかけ、答えを書き出すことで、今自分のしていることで自分を満たすことができるかどうかを客観的に検証できます。

そして、改善すべき点が見つかったら、計画を修正して実行する。これを毎日、まずは3日間、続けられたら次は3週間取り組む。次は3ヵ月と、区切りをつけながら続けることで、自然と毎日の習慣になっていきます。

円滑なコミュニケーションは、「話し手にフォーカスすることから始まる」と言いました。自分の欲求を満たすことがうまい人は、相手の欲求も上手に満たせます。なぜなら、自分の欲求を満たすと、相手にも関心を向けられるようになるからです。

まずは自分自身を満たせる毎日の習慣を築き上げていきましょう。

自分を満たす習慣をつくる

セルフカウンセリング

① わたしは何を求めているのか？
わたしにとって
いちばん大切なものは何か？
わたしがほんとうに求めているものは？

② そのために今何をしているのか？

③ その行動はわたしが求めるものを
手に入れるのに効果的か？

④ もっとよい方法を考え出し、
実行してみよう

第2部

2 今すぐ始める「心が通う会話術」

当たり前の「あいさつ」で相手と心を通わせる

第1部ではこの本の結論を述べました。次は、具体的な「やり方」です。自信をもって話す人はどのように会話を運んでいるのでしょうか？

まず、すべてのコミュニケーションの基本となるものは「あいさつ」です。当たり前すぎて軽視されがちなあいさつですが、気持ちのよいあいさつは、円滑なコミュニケーションの扉を開く鍵です。人と人とのコミュニケーションは、あいさつに始まり、あいさつに終わります。

うまくコミュニケーションが取れないという人は、会話をなんとなくしている場合があります。どんなに親しい人でも、いきなり熱をもった会話がスタートすることはなく、まずはあいさつによってお互いを認識する作業から始まります。

相手と出会ったら、笑顔ではっきりとあいさつをする。ここで、単なる形式で終わらせないために、**相手を思いやる言葉**を付け加えましょう。

「お久しぶりです。最近、どうされてますか？」
「こんなタイミングでお目にかかるなんて、何かつながっているのかもしれません」

何気ないあいさつに思いやりの言葉を一言入れるだけで、支援、励まし、信頼、受容などを示すことになり、相手との心理的な距離が縮まります。すると、次の話に展開しやすくなります。

わたしは、部下とすれ違ったとき、質問をされたときなどには、
「いつもありがとう」
「頼りにしていますよ」
「期待しています」

といった一言を付け加えています。

適切な一言を入れるためには、相手をよく観察していなければいけません。会話が共有されているという感覚が大切だと言いましたが、あいさつで相手の基本的な欲求が満たされると、単なるすれ違いから発展して、相手との空間に自分と相手だけの世界ができます。

それができたら、次のステップに進みます。

「あいさつ」は
円滑なコミュニケーションの扉を開く鍵

何気ないあいさつに
思いやりの言葉を一言入れる
お久しぶりです。
最近、どうされて
ますか?
いつも
ありがとう
期待
しています
頼りに
していますよ

うなずきは「傾聴」のサイン

先の例で示したとおり、上手にあいさつできると、自然とちょっとした会話に発展します。大抵は相手が話す順番となるので、このときに意識したいのが「うなずき」です。

気持ちのよいあいさつによって、相手と自分だけの対話空間をつくったのですから、相手の目をしっかりと見ながら、傾聴し、うなずきます。単純ですが、相手との信頼関係（ラポール）を築くためには、とても大事な行為です。

話を発展させていくのに重要なのは「あなたの話をしっかりと聞いています。共感しています」という、**会話を共有している感覚を示す**ことだからです。

とても感じよくあいさつをしてくれた人がいます。あなたもうれしくなって話そうとした途端に無表情で、うなずきもしなくなったら、どう思いますか？

もしかしたら、相手は一言一句を逃すまいと真剣に耳を傾けているのかもしれません。でも、おそらくあなたは、すぐに話を切り上げて、一刻も早くその場から立ち去りたいと思うでしょう。

だから、あいさつをしたら、次は言葉を重ねずとも「あなたの話を聞く準備ができています」と相手に示すことです。

傾聴のサインは、相手の目を見ながら、相手が話すリズムに合わせるように、ゆっくりと大きくうなずくことです。


「あなたの一語一語を呑み込んでいます」

「あなたの話したいペースにわたしも合わせています」

「もっとあなたの言うことを聞かせてください」


うなずきひとつでも、こうしたメッセージを発信できるのです。

うなずきが会話を共有するサインになる

相手の目を見ながら、
話すリズムに合わせるように、
ゆっくり大きくうなずく

あいづちを加えて「共感」の意を伝える

うなずきで傾聴の姿勢を示したら、あいづちで共感の意を伝えます。よく気の利いた一言を言ったほうがいいのではないかと考えて、うまくあいづちをうてない人がいます。

しかし、あいづちはシンプルでかまいません。

「えー」「へー」「ほー」「すごいですね」「わたしもそう思います」

あいづちは何を言うかではなく共感を示すことが大切で、相手の「認められたい」

という力の欲求を満たすことができます。
あいさつから始まってスタートした会話を、うなずきできちんと受け答えする準備があると相手に認識されたら、相手が発する言葉のボールをしっかりとキャッチして、「いいですね。いいですね」と、感触を確かめながら返していくような感覚です。
あいづちがうまくいくと、「この人にもっと自分の話を聞いてもらいたい」と、相手は気持ちよく話してくれるようになります。

だから、あいづちは何よりタイミングが大事です。相手が「理解してもらいたい。わかってもらいたい」と思って話に力を込めたときに、よいタイミングであいづちをうつことができると、会話に花が咲きます。相手を観察しながら話を聞いていると、「ここだ」というタイミングがなんとなくわかってくるはずです。

上手なうなずき、あいづちは経験がモノを言います。肌感覚でつかんでいくものです。最初は失敗することは当たり前。上達には、タイミングを取りやすいうなずきを多くして、少しずつ相手に合わせたあいづちをするのがいいでしょう。

相手の「認められたい」という力の欲求を満たす

へー
すごいですね
えー
わたしもそう思います
ほー
あいづちで共感を示すことが大切

話し上手はしてはいけないことを知っている

うなずき方にもテクニックがあり、たとえば、

「楽しい話のときは速めにうなずく」

「悲しい話のときはゆっくりとうなずく」

などと教える人もいます。


わたしは、そこまで細かいテクニックはあまり意識しなくてもよいと思います。場の雰囲気に合わせて、自然体でいれば、楽しい話のときは、当然、笑顔も共感の言葉も出てくるでしょうし、会話のテンポも速くなり、それに合わせてうなずきもします。

また、ほんとうに深刻な話をしているときに、急かすようにうなずいたりする人はい

ないはずです。

大切なことは、相手が話しやすくなるように、「あいさつ＋思いやりの一言」できっかけをつくり、「うなずき」や「あいづち」を入れながら、一緒になって会話を共有しよう、盛り上げていこうとすることです。

「そうですよね」
「おっしゃるとおりです」
「よくわかります」

自分の話に乗ってくれるから、相手も話しやすくなります。話を共有しているという意識で、より円滑に進むよう、**会話環境をよくしていこうという能動的な姿勢**で接するのです。

ですから、何か特別なことをするよりも、話し手の気を削ぐことを避けたほうが会話は盛り上がります。

・話の途中で割り込む
・話題を横取りする
・「でも」「だって」「どうせ」「だけど」などの否定語を使う

これらは相手の力の欲求が満たされずに、話の運びが悪くなることは想像に難くないと思いますが、無意識に次のようなことをしてしまっていることがあるので注意してください。

・無関心、無表情
・うなずきやあいづちが少ない
・相手のリズムをつかもうとしていない
・目を見て話を聞いていない、ほかに注意が向いている私たちが思う以上に、相手はこちら側の微細な動きをつかんで、何を考えているかを読み取ろうとしています。

「話がつまらないな」と思ったときに、ちらりとスマホの時計を見る。席についたら店の内装が気になってキョロキョロと周りを見回す。「話が長いな」と会話に意識が集中せず、目が空《うつ》ろになっていく。

自分としては悪気のない行動でも、意外と相手は見ているものです。そうした素振りから「わたしの話に興味がないのかな?」と思い始めます。

子どもが学校の先生の退屈な話を聞かされていると、違うことを始めてしまうように、自分の欲求が満たされないと、人間は無意識によいコミュニケーションを阻害する行動を取りがちです。

自分の話を「うんうん」と、聞いてくれるほうが気持ちがいいものですが、うまく話せるようになりたければ、よいコミュニケーションの環境をつくることに専念して、

マイナスの行動をなくして、聞き上手になりましょう。

何かをするよりも
話し手の気を削ぐことを避ける

マイナスの行動をなくして
聞き上手になる

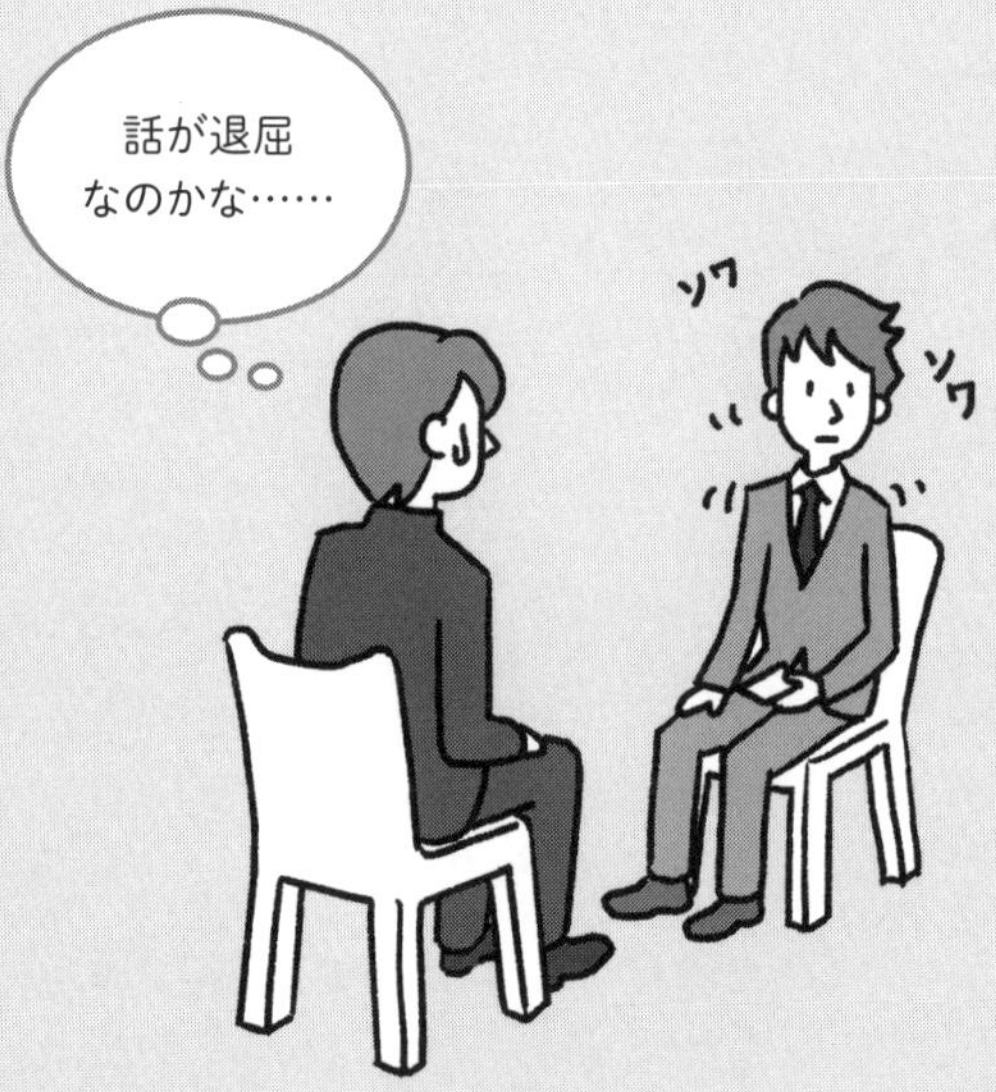

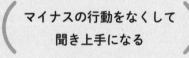

開放型の質問で話を広げていく

うなずき、あいづちから、さらに会話を発展させる鍵は「質問」です。

「質問？　苦手なんですよね……」

会話が苦手な人は、質問を考えるのに身構えてしまうことが多いのですが、うなずきやあいづちにたった一言加えるだけでいいのです。

「たとえば」
「ほかには」
「具体的には」
「なぜ、どうして」

このような二者択一で答えられない質問を**開放型（あるいは自由回答型）質問**と呼びます。相手の考えを広げたり、深めたりするための手助けになります。開放型質問を使うと、相手は話に色々なバリエーション、緩急をつけて、こちら側にボールを投げてくれます。

ちなみに「イエス・ノー」で回答可能な質問のことを閉鎖型質問と呼びます。

開放型質問の定番フレーズには、

「それからどうなりました？」

「あなたはどう思われました？」

といったものもあります。これらもさまざまな場面で活用できるでしょう。

ところで、皆さん、こんな経験はないでしょうか？

初対面なのに、親しい友人にも話したことがないような深い話をしていた。すっかり忘れていた過去の記憶が掘り起こされ、次々と昔のことを思い出した。話をするなかで、自分でも気がついていなかった感情や考えに気づかされた。

これは聞き手によって、話し手の「話す力」が引き出されたからです。聞き上手な人と話をすると、乗りがよくなって、自分でも驚いてしまうぐらいに気分よくあれこれ話してしまうことがあります。

「○○さんのおっしゃっていることに、とても共感します。もう少し聞かせてもらっていいですか」
「○○さん、今のお話にすごく共感したので、ちょっとメモを取らせていただいてもよろしいでしょうか」

話そうではなく聞こうとすることで、相手は「この人は熱心な人だな」「誠実な人だな」「気遣いのある人だな」といった印象を受けるでしょう。傾聴によって、あなたの人柄がプレゼンテーションされるのです。

こうしたやりとりを、セールスの世界では「信頼の確立技法」と呼びます。面会では、まずお客様とのあいだに信頼を確立してから、商品説明に入ります。セールスパーソンは商品の普及を通してお客様へ貢献します。どれだけ合理的に購入するべき理由を説明しても、セールスパーソン自身がお客様からの信頼を得られていなければ伝わらず、成約には至りません。つまり、会話の対象であるお客様への貢献は達成できません。

相手との信頼関係をつくるという点においても「聞く力」は欠かせませんし、「聞く力」によって「話す力」も変わります。

相手が話を広げる手助けをしていく

会話を発展させる鍵は
「開放型質問」

雑談で相手とクラッチを合わせていく

「仕事の話はできるが、雑談は苦手」という人がいます。仕事の場面では話すべき内容は決まっているので問題ないが、雑談では何を話せばよいのかがわからないそうです。そうであれば、無理に話すことはないと思います。まずは、あいさつと仕事の話をしっかりできるようにしてください。

雑談はただのおしゃべりではありません。相手の関心事に話を合わせていくための有効なコミュニケーションです。

天気、ニュース、趣味、旅行、食べ物、景気などが雑談には適しています。

「新型コロナの感染者、昨日は〇〇人を超えたらしいですね」

「ええ、そのようですね」

「このままだと、また、アラートが発令されるんじゃないですか」

「ほんとうにそうですよね。心配ですよね」

ここまでは単なる雑談ですが、こうした何気ない会話のなかから目的（仕事）に関する糸口を見つけて、話を展開していけます。

このときに「イエス・ノー」の二者択一では答えられない、仮に答えがイエスだったしてもそれだけでは終わらない、開放型（自由回答型）の質問に結び付けられると、さらに話が広がっていきます。

「ところでどうですか？　コロナ禍になって売上に影響は出ましたか？」

「多少、影響は出ましたね」

「そうですか、うちもそうなんです。世界的にも、経済は元には戻らないと言われてますよね」

「そうですね。少なくとも来年の春ぐらいまでは戻りそうにないですね」

そのほか、相手のバックグラウンドを調べておいて、それを話題にするのもよいでしょう。事前に相手の関心事がわかっていれば、話材を考えておくこともできますし、話もしやすくなります。

ビジネスに限って言えば、業界の動向や表に出ていない最新情報などが喜ばれます。たとえば「コロナ禍のような非常事態時、銀行はどういう会社にお金を貸し、逆にどういう会社にはお金を貸さないか」。こうした生の情報を、とくに経営者は求めています。


ほかに、商談や打ち合わせの現場で気づいたことを話題にしてもよいでしょう。

オフィスの片隅にゴルフバッグが置かれていたら、

「社長、ちょっとお伺いしたいんですけど、あそこにゴルフバッグがありますが、社長はゴルフがお好きなんですか？」

話のネタはなんでもかまいません。相手が話しやすいと思われる事柄について簡単な質問を投げかけ、それに対する相手の答えを傾聴しながら、お互いの心と心に架け橋をつくっていく。これをラポール（信頼関係）の構築といいます。ラポールを築くのが、雑談のいちばんの目的です。

話したいことを話してもらうことで、相手にクラッチを合わせられる

相手が話しやすいことを雑談の話材にして
ラポール（信頼関係）を築く

忙しい人に雑談は逆効果？　タイプを見極めて話す

相手とラポールを築くために雑談は有効ですが、残念ながら雑談は万能ではありません。人によってはマイナスの影響をおよぼすことがあります。

成果思考の人、経営者や超多忙な人たちは、雑談を無駄な時間、迷惑と感じることがあるため、簡単なあいさつとお礼だけですませ、すぐに本題に入りましょう。もちろん超多忙な人であっても人間関係重視で話が好きな人もいます。

相手のタイプや状況によって柔軟に対応すべきですが、注意したいのはネガティブな話になったときです。

不思議なことに、ネガティブな話のほうがポジティブな話より盛り上がります。「人の不幸は蜜の味」ではありませんが、「同業他社の○○社が、こんなに儲かってますよ」よりも「○○社、最近、苦戦しているみたいですよ。近々、早期退職者を募るという噂も耳にします」といった話題のほうが相手は食いついてきます。

しかし、どれだけ盛り上がっても、ラポールが築けたように見えても、ネガティブな話が展開していると会話の目的は達成しにくくなります。セールスであれば成約までもっていきにくくなります。

ネガティブな雑談は、その場かぎりの無駄話のため、「ところで本題なのですが……」と、どこかで区切りをつけましょう。

雑談は必須ではない
相手のタイプを見極めて本題を切り出す柔軟性を

相手に応じて雑談は省略する
ネガティブな雑談になったら、
会話の目的に立ち返り、早めに区切る

「言葉以外」にも目を向ける

うなずき、あいづち、質問のほかにも、聞いたり、話したりするときに役立つスキルがあります。いくつかまとめて紹介しておきましょう。

まず、**場所の選定**は大事です。パートナーの両親にはじめてごあいさつするとき、街中のファストフード店やファミリーレストランを選びませんよね。ホテルのカフェラウンジなど、目的にふさわしい、落ち着いた、雰囲気のよい場所を選ぶはずです。

きちんとした話をしたければ、人の出入りの多い、ざわついた場所は避けるべきです。できるだけ落ち着いた場所、できれば個室がベストです。

場の選定に加えて、**座る位置**に気を配るとさらに効果的です。こちらの話に集中してもらいたいとき（セールスでいえばお客様から商談の成約をもらいたいとき）には、自分が壁側の席に座るとよいでしょう。相手の視界に入るものを極力減らすことで、話に集中してもらうことができます。

さらに、わたしの場合は、相手に気を使わせないため、とくに初対面の相手に対しては、正対するのではなく、意識して身体の軸をずらして座るようにしています。傾けるのは右でも左でもかまいません。わたしは右利きだからでしょうか。身体の右側を少し前に傾けると気持ちが落ち着きます。これは座って話をするときも、立って話をするときも同じです。

無意識にやっている人もいると思いますが、気持ちよく話してもらう、あるいは話をしっかりと聞いてもらうためには、こうしたちょっとした配慮も欠かせません。

場所、座る位置にも気をつけて話しやすい環境を設定する

会話に集中できる環境で
正対するのではなく、
身体の軸を少しずらして座る

目は心の窓

「目は心の窓」と言われるように、心の動きは顔の表情、とくに目に表れます。自信がなかったり、嘘をついていたりするときは、目があちこちに泳ぎます。相手がリラックスして話しているか、気持ちよく話せているかどうかを知るためには、相手の目の動きを観察します。

さらに、目を見ることでこちら側の熱意や共感を伝えることにもなります。目をそらすのは、メモを取ったり、考えをまとめるときに限ります。

ただ、じーっと相手の目を見つめるわけではありません。顔を見て話すということです。どこを見るか迷う人は、両目と鼻の頭を結ぶ三角部分や眉の上あたりに視線を置くようなイメージでもいいでしょう。

そして、相手（あるいは自分）が、「これは伝えたい」というときには、目を見つめてしっかりとメッセージを受け取って（あるいは伝えて）ください。

「相手の目を見るのが怖い」という方もいらっしゃるかもしれません。そのような人は、無理をすることはありません。

「怖い」という感情はすぐには変えられません。どうしても目を見られないのなら、最初は相手の目の少し上、眉間の近くに視線を置いて段々と慣らしていくとよいでしょう。

相手の目の動きを観察する

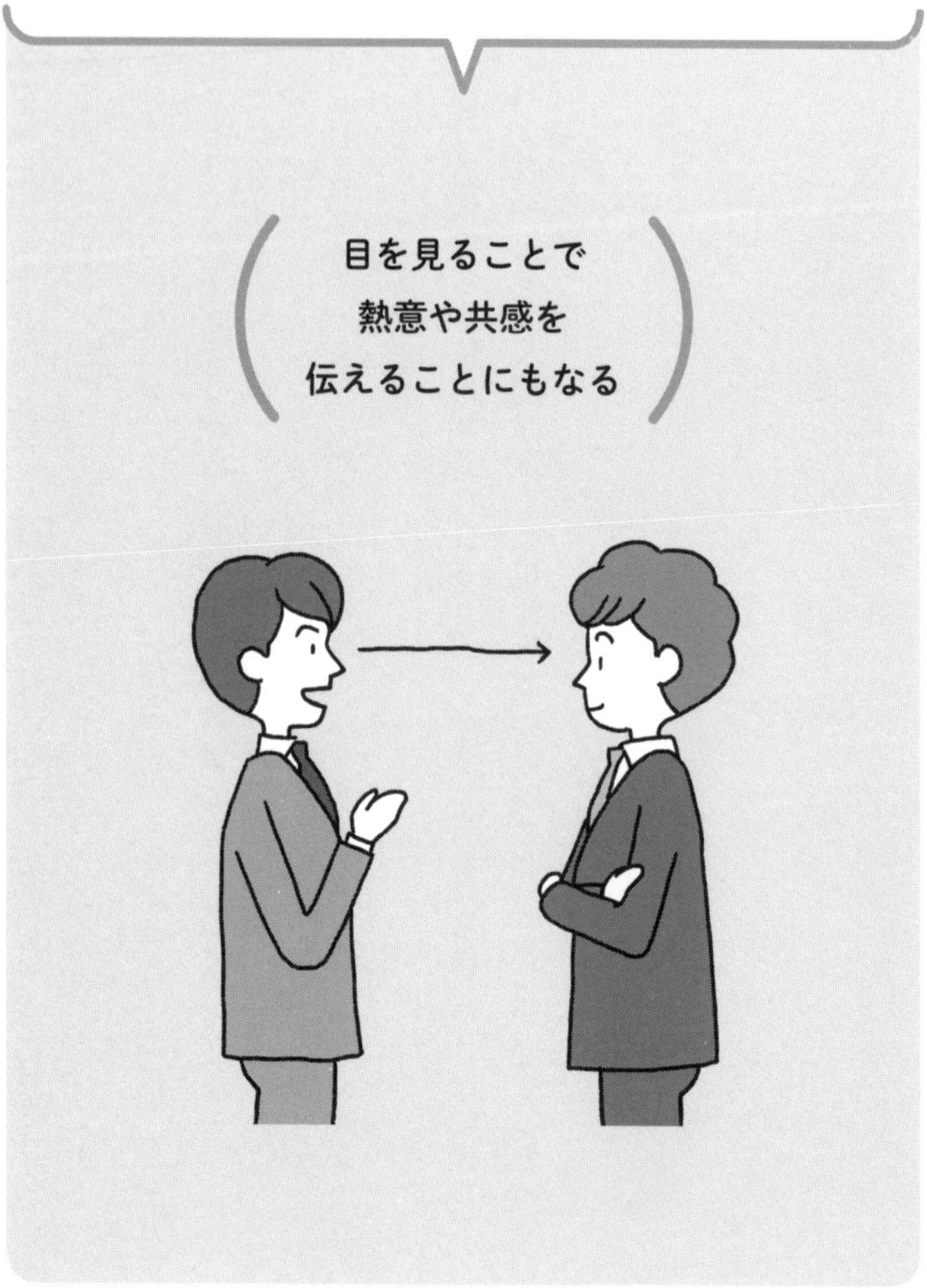
目を見ることで
熱意や共感を
伝えることにもなる

どうしても話に共感できないとき

相手を思いやる積極的な気持ちをもって話を聞いても、どうしても話に共感できないときもあると思います。

自慢話や誰かの悪口、世の中に対する不平や不満といった類の話です。また、嫌いな人や苦手な人の一人や二人いて当然です。

そのようなときでも、「話し手にフォーカスする」ことを忘れてはいけません。相手との関係性は壊さずに、共感できない話に同意を求められたときに、どう振る舞うのがよいコミュニケーションにつながっていくでしょうか。

前提として、あなたは話し手に注目しているわけですから、話の内容を批判することは、相手の考えや価値観を否定することになります。

「はい、そうですね」

「確かにそういう考え方もできますね」

肯定も否定もせずに、笑顔で受け流して、「へえ〜、そういう考えもあるんだ」と自分とは違う考え方を学ぶチャンスにします。

物事は意味づけを変えると、見え方がガラリと違ってきます。相手の言動はコントロールできません。気持ちよく話していたら、相手の考えがその場ですぐに変わるのは難しいでしょう。

自分はどう考えても共感できない、間違っていると感じる話を相手がしていたとしても、相手との信頼関係の確立なくして次の展開はありません。積極的に思いやりの気持ちを示していきましょう。

それは、相手の考えそのものを受け入れることとは異なります。ただただ、相手の考え方を知る。それだけです。

この世の中に自分とまったく同じ価値観の人間はおらず、異質な考え方を知ることが、あなたの成長の糧となります。


共感できない話を聞き続けるためには、我慢や忍耐も必要でしょう。その時間も無駄ではありません。自分の糧になると捉えられるかどうか。馴染まない考え方に触れることも、人生をよくするためのトレーニングのひとつです。

ある程度、相手が満足して話したいことが話せたという頃合いを見計らって、「ところで、わたしも話したいことがあるんですけど、いいですか？」と切り出して、「会話の目的」に話を戻します。


「相手とどのような関係を築きたいのか」

「商談でどのような成果を得たいのか」

「このプレゼンテーションでどのような結果を得たいのか」

改めて、あなたが求めているものに立ち返るのです。

相手の話は、たとえ共感できなくても、「間違っている」と思っても、否定はしません。笑顔で相手に気持ちよく話してもらいましょう。

会話は自分にとって都合よく進んでいくものではありません。自分でコントロールできるものとできないものを区別し、自分がコントロールできるものに焦点を当てるようにしましょう。

話に共感できないときでも
話し手にフォーカスする

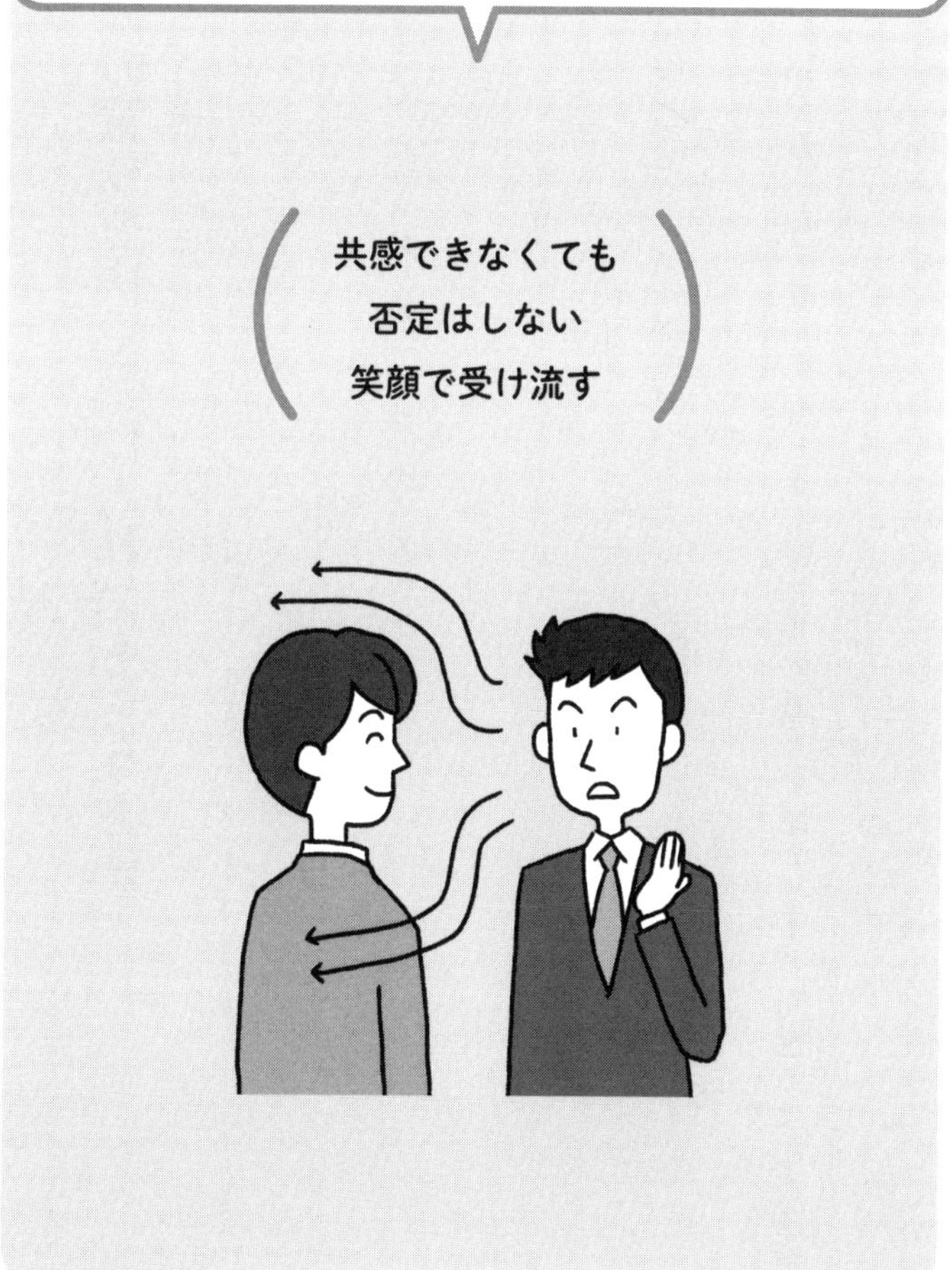
共感できなくても
否定はしない
笑顔で受け流す

自分の意見を快く受け入れてもらう方法

相手の話を最後まで聞くのには忍耐が必要です。

「なるほど、そんな見方があったんですね」
「確かに、そういう考え方もありますね」
「○○さんは、そのように捉えているんですね」

どれだけ口を挟みたくなっても、まずは相手の考えを認めます。同意ではなく承認です。「でも」や「しかし」を使わないように注意してください。

そのうえで「ちょっとわたしの考えも述べてもいいですか?」と前置きをしてから、

自分の考えを話すとよいでしょう。

相手の意見は認めながら、自分の意見を述べさせてもらうという姿勢です。これまで述べてきた手順をしっかりと踏んでいれば、相手の自尊心を傷つけることなく、あなたの意見を取り入れてもらいやすくなります。

ただし、正論をぶつけることや、「自分だったらそうはしないのに」などといった、**相手に正しさを求める発言は避けたほうが賢明です。**

事実はひとつですが、人の数だけ解釈があり、人はそれぞれ自分の解釈に従って生きています。つまり、多くの人にとって当たり前と思えるものでも、その人は違う現実を生きている可能性があるわけです。

同意話法（イエス・バット法）と呼ばれるテクニックがあります。

ある商談の席でお客様に言われました。

「これ、ちょっと高いんじゃないですか？」

同意話法では、このようなときに「いえいえ、そんなことはありませんよ」などと否定はしません。

「お客様もそう思われますか。少しお値段が張ると思われる方はいらっしゃいます」

そして、次のようにつなげていきます。

「なぜこの商品がこの価格なのか、少しご説明させていただけますか？」

このように、いったん相手の意見に同意しておいてから、自分が進めたい方向に話を展開していくのです。

相手の考えを認め、その後に「わたしはこう考えています」と伝えるようにします。

ある方から、拙著『一生折れない自信のつくり方』についてこんなことを言われました。

「青木さんの書かれた『一生折れない自信のつくり方』、ベストセラーになったそうですね。でも、あれって、いわゆる自己啓発書ですよね〜」

文字にすると伝わりにくいかもしれませんが、その言葉には自己啓発を揶揄するようなニュアンスが含まれていました。

この本を読んで自殺を踏みとどまった読者がいるほど意義あるものとわたしは自負していますし、自己啓発は自分自身が一生を懸けて取り組んでいるものです。正直、この方の発言でわたしの人生まで否定されたかのように感じました。

そこでこう伝えたのです。

「そうですか。わたしの人生は自己啓発をしてよくなったので、やっぱりわたしは自己啓発って大切だと思いますよ」

これも同意話法の一例です。

どんな場面においても、相手を全否定しないことです。いったん「そうですか」と相手の考えを引き取り、その後に自分の意見を率直に伝える。一瞬気まずい雰囲気になるかもしれませんが、そこは流しましょう。きっとその話題はそれきりになるはずです。

ただし、明らかに「自分」という人間を否定されたときばかりは、黙っていてはいけません。

「今の一言、すごく傷つきました。本音を言っていいですか。やっぱり物事には言い方があると思います」

このようにストレートに伝えてもいいでしょう。主張すべきことは主張して自尊心を守りましょう。相手を否定することと、自分を大切にすることは異なります。


どう努力しても価値観の合わない人もいます。わたしもセールスマン時代、そのようなお客様がいました。

「○○さんの意見はわかりました。わたしはこのように思います。○○さんはわたしの考えについてどう思われますか？」

このように自分の意見を素直にぶつけて、その人とは二度と自分からはアポイントメントを取らないようにしていました。セールスマンという立場でしたから、セールスで成績を上げるという目的がありました。しかし、そうであっても自分に無理を強いることはありませんでした。

あれから30年以上経っても自分の決断は間違っていなかったと思います。結果として、自分とは価値観の合わないお客様とは縁が切れ、よいお客様だけが残ってくれたからです。

「苦手」や「嫌い」はそのままでいいのです。もちろん、お互いの共通点を見つけ出す努力や忍耐は必要です。

しかし、最後の最後は自分を信じて、あなたらしく自然体でいることです。

・うなずきながら話を聞く
・適切なあいづちを入れる
・相手の目を見て聞く、話す
・共感できない話でも笑顔で聞く
・嫌いな人、苦手な人の話を最後まで聞く
・解釈は無数と知り、相手を否定しない

やり慣れていないことを身につけるには根気が必要です。習慣化の秘訣は、できるところから、少しずつ継続して実践することです。

入り口はどこでもかまいません。「聞き方」や「話し方」のノウハウ本に書かれている「うなずき方」「目線の置き方」「あいづちの入れ方」をそのまま真似るのもいいでしょう。

わたしも昔はビジネス書に書いてある内容をそのまま実践していたので、見る人が見れば、「ああ、この人は、本に書かれていることをそのままやっているんだな」と気づくこともあったでしょう。

茶道でも華道でも武道でも、最初は型から入るように、すぐに実践できる型をたくさん頭の中に入れて使っていくうちに、それらが組み合わさって無意識にできるようになります。テクニックから入って、実際にやってみて、自分に合うものから身につけていけばいいのです。

たとえ失敗しても、あなたの熱意は相手に伝わるでしょうし、失敗を重ねることでコツのようなものが段々とわかってくるはずです。
失敗しても、自分を責めないでください。成長に向かって走り始めた自分をほめてあげましょう。

「大切な人」を喜ばせる。
「大切な人」の役に立つ。
「目の前にいる人」を幸せにする。

そのために、私たちは伝える技術を磨き続けるのです。その道程で「相手を思いやる積極的な気持ち」を最初に向けるのは自分自身です。

同意話法（イエス・バット法）

相手の考えを尊重したうえで、
自分の意見を伝える

第3部

3 一生折れない自信を育む「自己対話」

思い込みから変化は始まる

話すこと自体が苦手で、何を言いたいのかがわからない。自信もまったく感じられないというある受講生がいました。研修では「身につけたい7つの習慣」を用いるので、「前より話しやすくなったね」「声が大きくなったね」「聞き取りやすくなったね」と、ほかの受講生から肯定的なフィードバックを受けるにつれ、目に見えて変わりました。

まったくプレゼンテーションができない状態から、感情を乗せながら、相手の反応によって話の筋道の通った、適切な話材を選べるようにもなりました。

アウトプットをして、自己評価をしてを繰り返し、周りからも承認されることで、上達していく過程にフォーカスし始め、自分はうまく話せるようになってきたという思い込みが育まれていきました。ここまでできるようになれば、続ければ続けるほど自信をもって話せるようになっていきます。

自分は話すのが苦手という状態から、メキメキ上達してプロのスピーカーにまで成長した原動力は思い込みの力です。おぼえておいてほしいのは、この思い込みの現象が当然逆のこともあり、マイナスの思い込みによって自分の能力の開発に蓋をしてしまっている人がほとんどなのです。

なぜなら、人は他人よりもすぐれていると自覚することで、自信をつけていくからです。自分が劣っていると思ったら、自信はなくなります。

この社会はつねに競争です。小さいころから身長が高い、容姿がいい、足が速い、勉強ができる、家が裕福、服装がおしゃれ、ユーモアのセンスがある……。さまざまな観点から比較され続けます。そのたびに私たちは自信がついたり、劣等感を味わいます。

親もついつい子どもの成長を期待して「なんでこんなこともできないの！」という発破をかけるような伝え方で自信を奪います。もしくは子どもが危険にさらされないように、怪我しないように、失敗しないように育てます。あるいは部活、受験、会社で競争に破れた経験。そういった経験によってマイナスの思い込みができてしまうのです。

思い込みは良いほうにも悪いほうにもあなたを動かします。だからこそ、あなたはあなた自身に肯定的なフィードバックをして、あなたの決意を達成できるように100パーセント信じてほしいのです。

もちろん、決意はあり、実践すると決めています。でも途中でやはり「できないかも」と揺れてしまうものです。

だからこそ、多くの時間を費やして自分と向き合う必要があります。「こうしたいと思っている。でもそれは無理だと言う弱い自分がいる」ということを含めて、自分と向き合い、「身につけたい7つの習慣」を使って自分と対話することで、決めたことを完遂できる自分に徐々になっていきます。

これは日常から誰に対しても「身につけたい7つの習慣」を実践していくということです。**自然体でできるようにする**ということです。発信を変えることで、メンタルも変わっていきます。

前述したようにプロのスピーカートレーニングを受ける人たちは、なぜ話し方を磨くことで、チャレンジ精神や行動力まで高まっていくのでしょうか?

肯定的な思考になるからです。自分の生い立ちから価値観を掘り下げ、自分の弱さを含めて自分と向き合い、「身につけたい7つの習慣」がいかに自分の人生に必要なものか、叶えたい願望は何か、それを発するにふさわしいメッセージは何かを探究するからです。真の自信を育むためには、自分自身と向き合うことがとても大事です。

身につけたい７つの習慣を
自然体でできるように

普段自分が習慣としていることに、それぞれチェックを入れてみてください

人間関係構築の原則	人間関係破壊の原則
身につけたい7つの習慣 （愛の原理） 内的コントロール理論	致命的な7つの習慣 （力の原理） 外的コントロール理論
□ 1．傾聴する □ 2．支援する □ 3．励ます □ 4．尊敬する □ 5．信頼する □ 6．受容する □ 7．意見の違いについてつねに交渉する	□ 1．批判する □ 2．責める □ 3．文句を言う □ 4．ガミガミ言う □ 5．脅す □ 6．罰する □ 7．自分の思いどおりにしようとして褒美で釣る

内的コントロール理論

人の行動は外部の刺激による反応ではなく、自らの選択であるという理論（選択理論）

外的コントロール理論

人の行動、感情は外部の人や環境からの刺激に対して反応するという従来の心理学（刺激反応理論）

あなたを信じてくれる人を信じる

自信はその人の内側にあるものですから、「自信をもて！」と言われて、もてるようなものではありません。

わたしはセールスで結果を残せず、営業をやめようと思っていました。あるとき、ふさぎ込んでいるわたしを見て、マネジャーから喫茶店に誘われました。そこで「自信がなくなってしまいました」と正直に胸の内を明かしました。すると、マネジャーに強い口調で反論されたのです。

「それは困った。きみはおれが育てられるという、自信がないというのかい？」

わたしは「そうじゃありません。わたしが自分に自信がなくなってしまったのです」と言い訳をしました。

「それじゃ、青木くん、きみにはセールスのビジネスで、成果がどうしてもあげられないという証明を、わたしにしてくれたまえ。そうすればわたしは納得してもいいよ。しかし、わたしはね、これまでもきみたちの仲間をたくさん育ててきたのだよ。きみのできないという自信と、わたしのできるという自信のどちらの自信が強いだろうか。そこをちゃんと、考えてほしいね」

わたしは「マネジャーの実績を信じて、もう一度、がんばります」と、気持ちを引き締めて、セールスマンとしての壁を乗り越えることができました。

親が子どもに「あなたならできる！」と思うように、他人は成功を確信しているのに、自分自身では信じられていないこともあります。根拠なき自信ですが、今、自信がもてないという人は、他人がもつあなたへの自信を糧として行動につなげるとよいでしょう。

ただ、自分を信じてくれる存在が見つからないという人もいるでしょう。もし身近にいなければ、自分で見つけなければなりません。

話し方がうまくなりたいと思ったときに思い浮かぶ身近な理想像はありますか？　話し方や振る舞い、性格、考え方まで含めて、「こういう人間になりたい！」という、できるだけ身近な人になりきってみましょう。

わたしもほかのセールスパーソンを観察し、お客様との距離感や正しいコミュニケーションというものをつかんでいきました。

セールスパーソンにも、色々なタイプがいます。お客様と仲良くなれるのに売れない人、快活でいつも笑顔でメンタルが安定していそうなのに成績の波がとても激しい人、すごくできるようには見えないのにずっと売れ続けている人。

そのような微妙な違いに目が向くようになると、自分がやってきたことと、他人を見て学んだ良いところと悪いところが見えるようになってきました。その違いが自分の中で蓄積されるにつれ、結果が伴ってきました。

今の自分のまま、その人の物言いや振る舞いを真似ても単なるモノマネなので、「その人ならどうするだろう？」と考えて、コミュニケーションを取ってみてください。

話し相手は、最初は自分自身に対してでもかまいません。憧れの人に成りきって自分と会話する。「この人ならこう言うだろうな」「こうするだろうな」というイメージをもって頭の中で会話してみてください。

他人の思考で会話をすると、自分では思い描けない展開や言葉を選ぶようになります。すると、会話の幅も広くなります。これだけを聞くとメンタル強化とは関係ないのではないかと思うかもしれませんが、ロールモデルをつくって真似ることは、あなたの自信を育むために、非常に大きな要素のひとつになります。

話し方がうまい、コミュニケーション能力が高いというと、頭の回転の速さや矢継ぎ早に言葉が出てくるイメージをもたれている方がいますが、コミュニケーション能力と比例するのはじつはメンタルです。

自分の言うことは絶対に伝わる、相手に響くと信じている。だから堂々と意見を言えるし、自分が落ち着いているから相手がよく見えて、何をどう言えばいいのかもわかるようになります。それは相手が求めているものを知っているということです。

根拠なき自信を現時点でもてていない人はそれ以上になれないのかといえば、そうではありません。自信はその方法さえ学べば、何歳からでも育むことができます。

今は話し上手な人を見て「鋼のメンタルだな」とか、「なぜここでそんな切り返しができるんだろう？」と感心するだけであっても、あなた自身がそうなれる可能性は十分あります。

反対に言えば、あなたが「この人は売れないな」と思っている人でも、やり方を学べば、その人もあなたが思い描くこうなってほしいというレベルにまで到達できるのです。

最初はあなたを信じてくれる人の自信を信頼したり、理想のモデルを描いて真似して行動してみる。その積み重ねがいつしか結果につながり、結果が出ることで自信がついてさらなる大きな挑戦ができるようになります。

一生折れない強固な自信を育む道のりは一朝一夕にはいきません。ただ、自信は、思い込みからでも行動を続けることで着実に積み上げていけるものです。

あなたを信じてくれる人の自信を糧にする

思い込んで行動し

⬇

結果となって自信となり

⬇

自信が大きな成果への挑戦となり

⬇

挑戦から大きな成果が生み出される

⬇

気がついたらここまできた

他人に左右されなくなる

あなたにはこうなりたい、こうしたいという理想のイメージがあるのに、実際の会話になるとうまく実践できない。勢いよく、テンポよく話して、相手の懐に入っていく、臆せずに自然体で接する。色々なイメージは浮かんでいてもできない、もどかしい。これらはなぜ起こるのでしょうか?

すべての人には思い込みがあり、その思い込みによってその人の能力が決定されてしまっています。わたしもこれに気づいてから、自分自身のコントロールができるようになりました。

人間は大抵の判断において保守的に自己防衛します。それが正常な反応です。反対に自分の行動にブレーキをかけない人は何かにチャレンジしようとするときに「わたしは絶対にできる！」と肯定的に捉えて、臆することなく臨んでいきます。

反対に言えば、そういう部分に相手からも「パワーがもらえるな」「元気が出るな」「言葉に迷いがないな」と安心感をおぼえて、コミュニケーションがうまくいくばかりか、会社で達成したい目標や、起業したいといった大きな夢も実現できるようになります。

コミュニケーションなので相手があってのことですが、相手がどうであれ、あなたがすることとは変わらないのです。

プロのスピーカーを養成するトレーニングでも、練習量に比例してよいプレゼンテーションができるようになっていきます。それは、アウトプットしながら自己評価によって話材が変わるからです。

同じテーマのプレゼンテーションであっても、経験によって都度、話材は変わります。実話のときもあれば、たとえ話のときもあります。実話でも最近のものもあれば、かなり昔のものもあります。もっとも内容に沿った話材を選べるようになると、聞き手からも「そうですよね」と共感がたくさん生まれます。

話材選びが上達するのは、プレゼンテーションを重ねるたびに伝えたい目的が明確になっていくからです。**何を目的にするかによって選ぶ話材は変わります。**セールスパーソンでも「なぜこの商品を普及させたいのか」というセールスの目的が深くなればなるほど、芯のあるメッセージになります。

他人をコントロールすることはできません。あなたがコントロールできるのはあなた自身だけです。当たり前のことと思われるかもしれませんが、これを深いところで理解すると、つねに肯定的な解釈をするというところにつながっていきますし、相手の態度や言葉に左右されなくなります。

売れないセールスパーソンはお客様から「欲しいけれど、今はその余裕がない」と反論されると、そこであきらめてしまいます。売れるセールスパーソンは「経費ではなく投資」だと考えて、相手が肯定的な思考になれるようニード喚起します。

つまり、どんなシチュエーションであろうが、どんな相手であろうが、あなたがあなた自身に制限をかけてしまえばコミュニケーションはうまくいきません。この「自分自身の思い込みによって人生がつくられる」ことが腑に落ちると、「人生はすべて自分に責任がある」という思考になっていきます。

今、あなたの目の前にある結果は、あなたの行動・選択のすべてによってそうなったと認めることです。「相手がこうだから」と、他人に責任があると考える人は成長が止まります。あなたがやろうとしていること、行動は突き詰めるとすべてあなたに責任がある。すべてあなたの実力、能力の結果だと認めるということです。

このトレーニングは難しいことではなく、誰にでもできるものです。たとえば、コロナ禍でもテイクアウトやデリバリーで売上をつくり、新しい収益の柱にまで成長させている飲食店もあれば、客足がなくなったと策を講じずに売上を落としたままのお店もあります。この両極端な現実を決定したのはそれぞれのオーナーの思考です。

大きな話ではなくても、どんな些細なことでもいいのです。朝、配偶者にゴミを出しておいてと頼んだのに忘れている。「次はどういう伝え方をすればいいだろう？」「どのタイミングで言えば伝わるだろう？」と、自分に関係がないと思うようなことに文句を言いそうになったときには、それに対して自分の準備、下調べ、工夫が足りなかったので改善しよう、自分の責任で起こったことだと捉えるのです。

これがコントロールできることに焦点を当てて、コントロールできないものには焦点を合わせないという訓練になります。

コントロールできることだけに集中すると、肯定的な思考にもなってきます。コロナウイルスが蔓延しようとも、自分でコントロールできることしかコントロールできないわけですから、今直面している状況下で売上をあげられることを考えて、少しでも実行するだけだと考えられるようになるからです。

そうなると、コロナ禍であろうが大地震だろうが、その状況下で成功しても失敗しても、突き詰めると、目の前で起こったことの結果はすべて、コントロールできることで何をしたかという自分自身の責任となります。

自分のコントロールできることだけに焦点を当てる

自己対話でコントロールする

自分に対しての自信だけがあっても、相手の立場に立ってみるという思考が抜けていると、ただの自信過剰と勘違いされてしまいます。

また、すべてが自分の責任であるという考え方だと、自分を責めてばかりになってしまうこともあります。そういう偏りをなくすために、前述した「身につけたい7つの習慣」を深く自分の思考パターンとして取り入れてください。

なんとなくわかったという状態で終わらせないでほしいのです。学んだことを少しやってみる。本来の学習は続けるなかで自分との対話があり、深い考察ができたり、新しい洞察が生まれます。実践する過程で自己評価で気づきを得るから、自分の身になります。他人と比較したり、他人基準で評価されると自信を失います。能力開発の秘訣は過去の自分と今の自分を比較して、自分で自分のことを評価しながら前進していくところにあります。

その前に学びを終えてしまうとほんとうにもったいないです。知識はあるが、血肉と化していないということが起こります。ほんとうに多くの人が陥るケースです。

受講生からもプレゼンテーションのトレーニングをすると、仕事のなかで、生活のなかで「あっ、今自分は他人をコントロールしようとしているな」と、自分がメッセージとして伝えようとしていることと、日常生活での自分の言動とのギャップに気がつくようになったという声をいただきます。

「他人はコントロールできない」と気づくたびにアプローチを切り替えていくという経験を繰り返していくと、自分の目的を達成するために効果的な選択ができるようになっていきます。当たり前のことだと思われるかもしれませんが、なかなか身につかないので繰り返しお伝えします。**概念について学ぶよりも、日常生活のなかで「まず**

いな」と自己評価して変えようとする経験がものすごく重要なのです。そういう経験を積み重ねていくと、他人に働きかけてパワーパートナーをつくろうというプレゼンテーションをせずに、またはプレゼンテーションする内容を自分で実践もせずに、いかに今の自分は変えずに他人をコントロールすることで自分の願望や目標を達成しようとしていたかに気づきます。

能力開発とはノウハウを学んだり、記憶することとは違います。アウトプットをしながら、振り返り、自己評価を繰り返すトレーニングです。それを続けることで、少しずつ自分にコントロールできることしかコントロールしようとしないようになり、自分にコントロールできることだから、状況や物事はすべて変えられるものになっていき、その肯定的な思考に相手の反応が変わり、現実が変わっていきます。

すると、ますます自信が育まれて、自分自身をどんどん肯定的な解釈をする方向に動かしていきます。ですから、この本に書いてあることや、どんな分野の学びにしても「なんとなくわかった」で終わらせないでもらいたいのです。

もし相手からよい反応が返ってこなかったら、「自分なんか相手にしてくれないという思い込みがなかったのか？」「自分はうまく会話できないという思い込みがなかったか？」と、自分自身に原因を探り、「それならば自分はどうしたいのか？」「その願望を実現するために何をすべきか？」を突き詰めていきましょう。いつでもセルフカウンセリングをするのです。

こうした習慣が形成されると、時間の使い方が変わってきます。どうでもいいことではなく、自分がほんとうにしたいことに時間を割くようになります。

お金の使い方も変わります。気晴らしの消費ではなく、自分がほんとうに求めるものを得るための投資をするようになります。

自分自身をセルフカウンセリングすることで、目的達成に対して余計な行動をやめて、しっかりと自分を動かすことができるようになります。

自己評価で能力を開発していく

セルフカウンセリング（再掲）

「わたしは何を求めているのか？
わたしにとって
いちばん大切なものは何か？
わたしがほんとうに求めているものは？」

「そのために今何をしているのか？」

「その行動はわたしが求めるものを
手に入れるのに効果的か？」

「もっとよい方法を考え出し、
実行してみよう」

「あり方」を磨く方法

行動を抑止し、能力の発揮を妨げているのは、じつは自分自身なのです。言葉に自信をもてないから、「こんなことを言ったら失礼ではないか？」「これを言ってもウケないかもしれない……」と不安になったり、何を言っていいかわからなくなります。

無意識に迷いが生じてしまっている。それを「できるよ！」と肯定的な言葉であなた自身を鼓舞しても、自信を育むことにはつながりにくいのです。

たとえば、結果が出ていないのに営業の資料づくりばかりしているメンバーに、「もっと電話がけをして、お客様にアプローチしなさい！」と指導したとします。一時的に電話営業をするようになっても、そのメンバーの考え方は根本的に変わっていいません。上司の命令に従うことが目的になってしまって、お客様にほんとうにコンタクトを取りたいと思って動いているわけではないからです。

もしくはいきなり飛び込みで片っ端からビルの全フロアを訪問させる。「大丈夫だ。お前ならできる。おれもそうだったんだ！」と、メンバーが心底嫌がっているのに荒療治するのはギャンブルです。運よくいいお客様との出会いがあって話が弾んだり、商談になって契約に至ったりしたら、そのメンバーのセールスに対する考え方が変わる可能性はあります。

ただ、最初から最後まで訪問先に冷たくあしらわれて結果が出ず、話もまともに聞いてもらえず、ほかの同期はたまたま契約をお預かりして嬉々として帰社していたといった経験をしてしまうと、トラウマになってしまいます。「自分はセールスの才能がない」「知らない人とうまく話せない」「新規開拓営業をするとロクな目に遭わない」という思い込みができてしまいます。

もちろん、メンバーに結果を出させてあげたいと願う上司の愛は強いものです。

しかし、先の例ではあまりにも「こういうセールスパーソンになってほしい」という結果を先に求めすぎてしまっています。

極端な言い方をしてしまえば、メンバーがオフィスでコツコツと資料づくりをしているところから、自信満々で外出して、次から次へと契約をお預かりする姿に変わっているイメージだけが上司の頭の中にあって、それを現実に再現しようとして、メンバーがセールスに対して肯定的な解釈ができるように、思考を育むということがごっそり抜け落ちてしまっているのです。

ですから、「会話が苦手」「人前で話すと想像しただけで緊張する」という人が、「わたしはできる！」と自分に発破をかけて一時的に自分を動かしてもうまくいきません。していることはこの例と同じだからです。

自分には何ができるのか、何ができないのかを正確に把握して、できるようになるために自分をじっくり育んでいくという思考になっていないのに、無理にできる自分にもっていこうとしても、理想のイメージが欲しくてやっているだけなので、そのときだけは勇気を振り絞ってできたとしてもすぐにできなくなる可能性が高いです。

あるいはそこでうまくいかないと失敗した経験が記憶として刻まれます。仮に相手の反応がよければドンドン波に乗っていけるけれども、少し相手のリアクションに嫌悪感が出ていたり、トーンダウンされると一気にメンタルが崩れてしまいます。

その場しのぎ、形式ではなく、心の底からいつでも自分の言葉に自信がもてて、自然に積極的に行動できる状態に自分を育むためには、どうすればいいのでしょうか？

日常の些細なところからスタートするのです。できるだけ簡単な場面からやりましょうという意味ではなく、自分をコントロールしたり、肯定的に物事を捉える思考を、**自然体でできるように、自己評価をしながら自分に馴染ませていく**のです。

たとえば、仕事を終えて帰宅する。ストレス発散に自分の好きなゲームをしたい。なんとなく気晴らしにSNSを見てしまう。その代わりにビジネス書を読めば、仕事のスキルアップに役立ちます。

でも面倒くさい。家に帰ってから寝るまでの2時間～3時間を能力開発に有益な時間にできるとわかっているのに、どうしてもラクなことに流される。これではまさに無計画に人生を生きていて、思考もあれこれ分散している状態です。

そこで一日を振り返る習慣をつくることで、明日からの目標達成に向けての改善行動が始まります。

「明日からは帰宅後すぐに入浴して、リフレッシュして勉強しよう」「手帳で行動を管理しよう」と事前対応する。予定として組み込んでしまう。

「そもそも何を目標としていたんだ?」と、心が折れそうになったときに自己対話をしてみる。

このように、ただ「できなかった」ではなく、行動を可視化してみることで、自己評価が起こって、徐々に自分で自分に働きかけて、自分を動かすという習慣が身についていきます。「考えている」「思っている」だけでは、いくら心の中で反省してもなかなか変わりません。自分のしていることをアウトプットする習慣をつくることで、自分の行動を見つめ直せるのです。

すると、改善につながり、徐々に目標達成に効果的な行動を積み重ねられるようになります。当然結果を得られますから、あなたの脳は達成の快適感情をおぼえて、自信もつきます。

「今日帰ったら、次はこれをやってみよう」と、願望がどんどん明確になります。目標を立てて、それを達成することが楽しくなります。

今までなんとなく会社に行っていた、なんとなく自分の時間を過ごしていたところから、人生のビジョンを立てられるようになり、「この時間はこう活用しよう」と、達成計画を立て、自己実現にとって最優先のテーマを実行できるようになります。こうして、よい循環がどんどん回って、願望に対して自然に肯定的に向かっていく性質になっていきます。

なぜ、特別なトレーニングもしていないのに人前で自信をもって話せる人がいるのか？

小さいころ、班長として学級発表をしたらクラス全員に大ウケした。授業参観で積極的に発言したら、自分の親や友だちの親から「お話しするのが上手ね」と言われた

成功のサイクル・失敗のサイクル

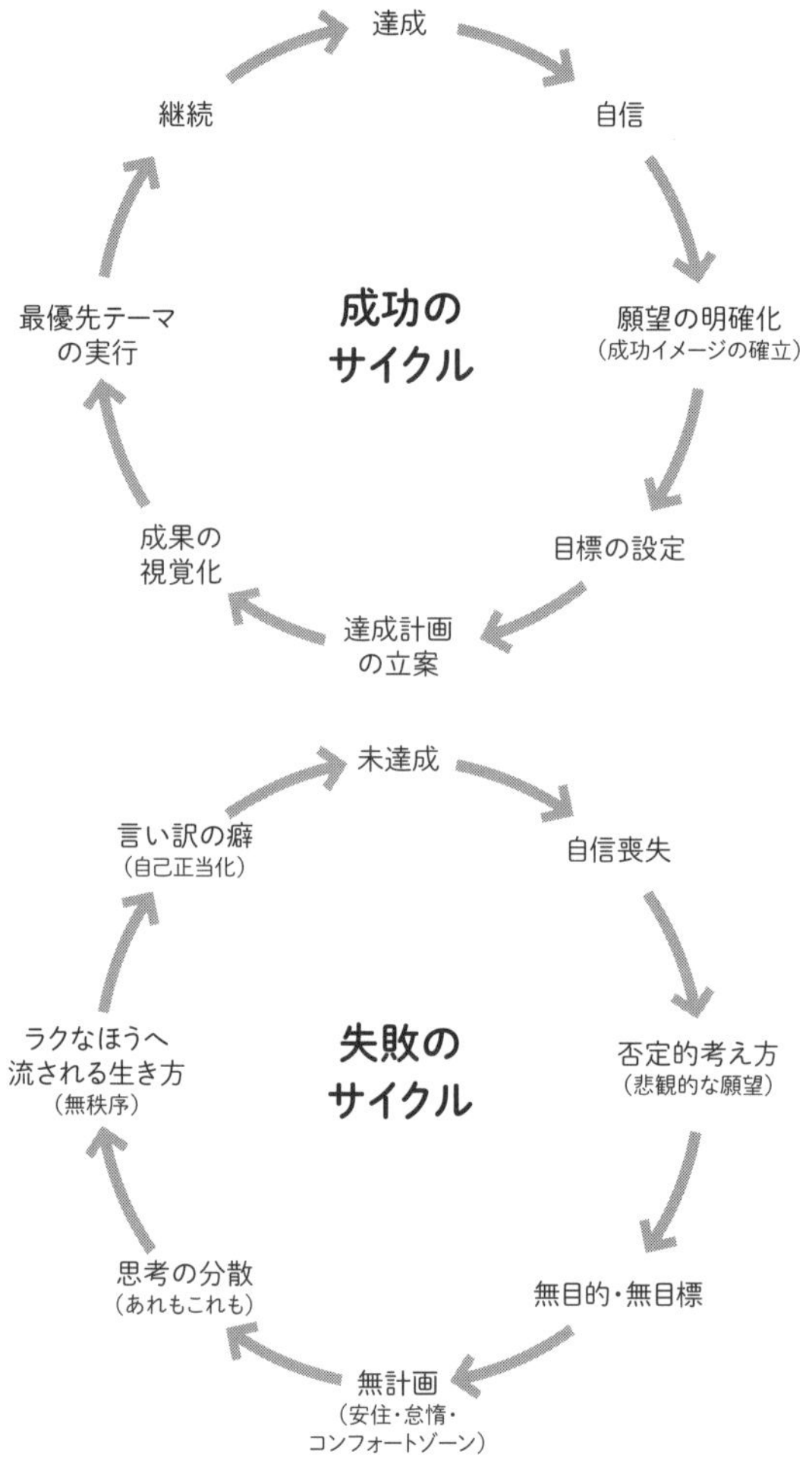
成功の
サイクル
達成
自信
願望の明確化
（成功イメージの確立）
目標の設定
達成計画
の立案
成果の
視覚化
最優先テーマ
の実行
継続
失敗の
サイクル
未達成
自信喪失
否定的考え方
（悲観的な願望）
無目的・無目標
無計画
（安住・怠惰・
コンフォートゾーン）
思考の分散
（あれもこれも）
ラクなほうへ
流される生き方
（無秩序）
言い訳の癖
（自己正当化）

など、いろんな成功体験があるからです。

あるいは、日常的に自分のしていることを肯定的に捉えられるように周りの大人がかかわってくれていたのかもしれません。大人になるまでのあいだに、「自分は話すのがうまい」という自己像をもって思い込んでいるのです。

反対に、今現在、もじもじしていて人見知りのセールスパーソンでも「今日のプレゼンは以前よりすごく筋道が通っていたね」「○○会社の社長もあなたが担当でよかったと話していたよ」という語りかけを上司や同僚が続けていると、その人のなかで「自分は物事を整理して話すのがうまいんだ」「取引先の○○社長は自分のことを気に入ってくれているみたいだ」という、セールスパーソンとしての根拠なき自信が育まれます。

今までなら「資料づくりをしていたほうがラクだ」「売れている人たちの輪には自分なんか入れてもらえない……」と無意識に行動にブレーキをかけていたものが、「もっとお客様と話す機会をつくってセールスがうまくなりたい」「トップセールスの先輩たちから色々吸収したい」と、願望が明確になって、具体的な目標設定をしようとします。

こうなると、自分で成功のサイクルを回していけるようになるので、自然と売れるセールスパーソンに必要な要素を高めていけるようになります。

つまり、元々、願望実現に対して自分を積極的に動かすことをしていない人は、会話の場面で理想のイメージどおりに行動しようとしても無理が生じます。

話し方に自信がないという人は、もしかしたら、このような、自分自身を肯定し、目標を決めて、達成を味わえるようなかかわりを経験してこなかったのかもしれません。あるいは、小さいころから親が失敗しないようにと、「これはああしなさい」「ここではこうしなさい」と何事も先回りしてフォローしていたことで、失敗は少なかったものの、自分のするべきことを自分で決めたり、失敗を重ねながら徐々に達成に向かっていくという感覚が培われていないのかもしれません。

ですから、日常の些細なところから自分を肯定して、自らの願望に対して積極的に動いていけるように、自分自身と対話し、気合や根性論で動こうとするのではなく、丁寧に「今、自分が求めるものに対して、ほんとうにするべきことは何か？」を咀嚼《そしゃく》し、納得したことをできる範囲で実行するのです。

そうすることで、自分で自分を評価し、励ましながら、肯定的に自分を動かすという考え方が身についていきます。その延長線で、最終的に「自分ならできる」という心からの自信が育まれます。

これが目標を達成できる人とできない人の決定的な違いです。**今ひとつ自分に自信がもてないと考える人は、自分で自分を育むことからスタートしなければなりません。**それは決して難しいことでも、そこまで長い月日がかかることでもありません。

自分にとっておこなえばプラスになる行動、でも少し面倒くさいことを丁寧に自己評価しながら、セルフカウンセリングしながら、自ら納得して取り組んでいく。

どんなに細かいものでもいいので、「やっぱり面倒くさいな」「明日やればいいか」と、否定的な捉え方が出てきたら、「何を求めているのか？」「求めるものを手に入れるために何をすることが効果的か？」と、肯定的な言葉で自己対話していくと、脳が物事に対して肯定的な思考で実行に移し、結果という快適感情を得るという回路になります。そうした些細な行動の積み重ねで、無意識に自分の求めるものに対して積極的になれます。５つの基本的欲求を軸にそれぞれの欲求を満たす行動をリストアップしてみましょう。

最終的にどんな分野でも「できる」「やってみよう」「やってみたい」という言葉が湧き出るようになります。「挑戦は楽しい」「必ず達成する」「もっとできる」と、どんどん言葉が強気になっていきます。たとえば「明日が締切だ」が「あと１日も時間がある」というふうに変わっていきます。「こういう言葉を使おう」「会話の仕方をこう変えよう」と、自然に変化します。

目標達成できる人とできない人の決定的な違い

5つの基本的欲求を満たせたか、
行動を可視化して結果を自己評価する

プレゼンテーションは人生の縮図

何度でも言います。ここで伝えていることを言葉尻だけで捉えないでください。なんとなくわかったつもりで終わらせないでください。

「したいことがあるのに、なぜかできない」ということは誰にでもあるものだと思います。そうであるならば、ほんとうはそうしようと思えばできるのに、なぜできないのか。「面倒くさい」「億劫だ」「ほんとうに求めているものではないからだ」「願望がない」といった簡単な言葉で終わらせずに、自分の行動を可視化して、丹念に自己評価を繰り返していきましょう。

「なぜそれをするのか?」という理由を考えると、人間はしない言い訳を考え出します。「今日はちょっと疲れているから」「明日やっても変わらない」「そもそもそこまでして手に入れたいものだろうか」と、自己正当化を始めます。「自分が求めているものは何か?」と願望に対してストレートに行動する習慣を身につけてください。

「なんの条件もないとしたら何をしたいか?」「成功したい、幸せになりたいとしたら、なりたい自分になるためには代価の先払いが必要だな。事実はどうだろう?」と、セルフカウンセリングを繰り返して、願望をどんどん明確にしていきましょう。


多くの人は情報が不足していて、目標達成に効果のない、気晴らしの行動をぐるぐると繰り返しています。それでも本人にとっては最善なのです。ただし、放っておくと自己破滅型の人生を送ることになります。

人間は願望と知覚された世界を秤にかけます。願望が実現できないとき、狂った天秤の均衡を元に戻そうと思って行動を開始します。つまり、自己評価した情報が入ることで、願望実現に効果的な行動を選択できるようになります。

そのときに選ばれるのは過去の経験から整理された行動です。自分の行動パターンともいえます。それでも求めているものが手に入らない。均衡が元に戻らないときに脳が情報を再整理します。脳の情報が足りなければ創造的な解決策が見つからないので、どんどん情報を補充しないといけません。そのなかで、うまくいった方法がまた自分の行動パターンとして、整理された行動となります。

思考をつくっているのは情報と経験です。日々味わっていることを体験で終わらせるのではなく、知識や技術に変えていきましょう。そのための自己評価です。「知る」「わかる」「おこなう」「できる」「分かち合う」の能力開発の段階を追っていきましょう。

自信をもった話し方とは、単純にうまく話せる技術とは異なります。伝えたいことと、伝えるべきことと、伝えられることが一致していないと成り立たないのです。そこが抜け落ちていると、きれいにまとまったプレゼンテーションであってもまったく響かないものが出来上がります。

大事なのは伝わるかどうかなのです。チャレンジをしながら挫折・葛藤をしている途中でもかまいません。その話材がプレゼンテーションのわびさびになります。**自分**

が試行錯誤した経験から理解したことしか伝わらないのです。

わたしは以前、講座のなかでモノを無言で受講生に販売する「無言のセールス」というセッションをおこなっていました。お客様と対面したときに、相手を愛で100パーセント受け入れる。ひとたびプレゼンテーションが始まったら言葉を使わずに誠実に、相手によくなっていただきたいという真心を伝えます。もし、イエスと言っていただけたら心から感謝を示します。人生理念の「愛・誠実・感謝」を無言で体現するのです。

今はトレーナーの大高弘之に継承していますが、お客様からはわたしのセールスは愛が、大高のセールスからは「誠実・実直・真面目さ」が伝わると言われます。無言でも伝わるものが違うのです。

1回のプレゼンテーションは人生の縮図です。その人の毎日の生き方そのものなのです。よいプレゼンテーションとは話の得手不得手ではありません。**自分が伝えたいテーマを実践していれば自分の言葉で語れるようになります。**伝達力が高まります。よいプレゼンテーションとは行動言語というピースがどのくらい増えるかなのです。

自信をもった話し方は
うまく話せる技術とは異なる

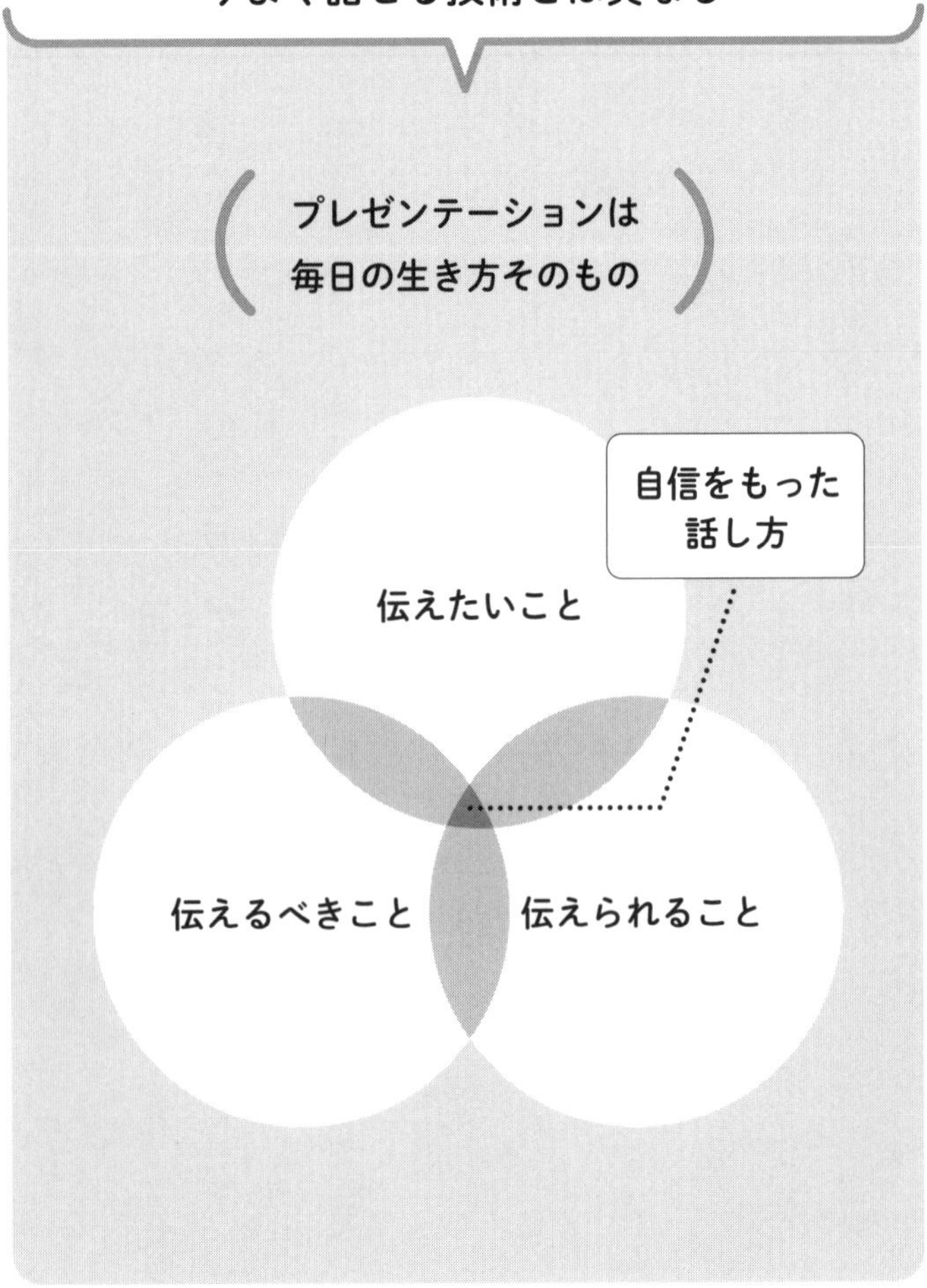

プレゼンテーションは
毎日の生き方そのもの
自信をもった
話し方
伝えたいこと
伝えるべきこと
伝えられること

第４部

4 ますます自信がつく「相手を活かす話し方」

相手を活かすことで自信がつく

あなたは、親しい友人から何かを頼まれたとき「ああ、面倒だな」と思いますか？　それとも「自分にできることなら喜んで力になりたい」と思いますか？

ほとんどの人が素直に「助けたい」「力になりたい」と思うはずです。なぜなら、私たちは「自分以外の誰かの力になりたい」という心を生まれながらに持ち合わせているからです。

自信がないから他人に物事を頼むのが苦手という人がいますが、親しい間柄なのに、困っていても「何もお願いしてこない」「何も頼んでこない」となると、逆に寂しくなってしまいます。

人は誰かの役に立ちたい、協力したいと思っています。大切な人が幸せになれば、自分の「愛・所属の欲求」「力の欲求」が満たされます。

わたしのような年長者は、これまでに自分が経験したことや学んだことを、後輩たちに教えてあげたい、話してあげたい、そんな願望を強くもっています。相手が自分よりも年上の場合は、そうした願望があることを理解して、何か困ったことがあれば、先輩たちに「ぜひ、教えてください」と助けを求めてみましょう。

アドバイスをいただけたら、お礼を兼ねて必ず結果を報告します。

「○○さん、先日の○○さんのアドバイスどおりにやってみたら、うまくいきました。ありがとうございました。また、教えていただいてもよろしいでしょうか」

このようなフィードバックをすることで、依頼する側からでも相手の欲求を満たすことができます。

「先輩はわたしの目標なんです」

「入社以来、ずっと憧れていました」

「どうしたらあなたのようになれますか？」

何かを要求するのではなく、相手の基本的な欲求に働きかけることで、支援を得られるのです。

その人の目的や目標は何か。
そのために何をしているか。
お金や時間を何に投資しているか。

これらのことを観察して、言行一致している人に師事すればよいでしょう。たとえば「聞き上手だな」と思った人の「聞き方」を真似てみる。「話し上手だな」と思った人の「話し方」を真似てみる。はじめは型をそのまま真似てみる。

わたしもセールスマンになりたてのころは、売れている人の行動、振る舞いをそのまま真似していました。どういう人が売れるのか、なぜ売れるのか、自分の中で違いがわからない段階ですから、自分で考えるよりも、成果の出ている人を素直に真似たほうが上達は早いのです。
スキルが上がると成果がついてくるため、自信も培われます。自信がないと人に頼ることや、教えてもらうことに遠慮がちになりますが、その場合はあなた自身が頼られること、教えることを面倒くさいと思っている可能性があります。

これまで面倒だと思っていたけれど、「これをしたほうがいいな」というものがあるはずです。「英語の勉強をしたいな」「お金の運用について学びたいな」「時間の使い方を改善したいな」そのような自分自身にとってよいとは思っているけれど、疎かにしていたことを進んでおこなうことです。それが成功体験となります。

そのような習慣が身についている人にとっては、他人に依頼したり、協力を求めたりすることが苦ではなくなります。むしろ、人は誰かの役に立ちたいという欲求がありますから、相手の基本的欲求を満たすような伝え方をすることで、喜んで協力してもらえると実感できるのです。まずは、**あなたがあなた自身を助けられる存在になっていきましょう。**

自分を積極的に助ける人は
他人に協力を求めるのが苦ではなくなる

人は誰かの役に立ちたい、
協力したいと思っている
相手の基本的欲求に働きかけて
支援をしてもらう

他人の成功と自分の成功を一致させる

わたしは23歳のときに、ナポレオン・ヒルの『成功哲学――やる気と自信がわいてくる――』（柳平彬監修、産能大出版部、１９７７年）に出会いました。

当時、売れないセールスマンだったわたしに「トップセールスマンになれる」と勇気を与え続けてくれた、かけがえのない一冊です。

『成功哲学』には、書名のとおり、成功するためのたくさんの教えが書かれていました。「マスター・マインドグループ」もそのひとつです。

マスター・マインドグループとは、「相互の調和の精神による、揺るぎない目的を達成するための知識と努力の相互協調をする協力者たち」のことです。わたしは、この考えにヒントを得て、「パワーパートナー」という言葉を定義しました。わたしの考えるパワーパートナーとは、「自分が成功させたい人で、その人の成功が、自分の成功につながる人」のことです。言い換えるならば「運命共同体」です。

あなたが成功させたい人で、その人の成功が、あなたの成功となる。

会社で言えば、上司と部下の関係がパワーパートナーです。企業と顧客、経営者と社員、コンサルタントとクライアント、先生と生徒……。これらもみなパワーパートナーの関係にあります。

多くの人が「自分の成功と他人の成功」を切り離して考えています。しかし、自分の成功と他人の成功を一致できるように努めることで、たとえば、わたしがトップセールスになったときに、上司はもちろん、お客様にも喜んでいただけたのです。

私たちは、自分の願望を叶えようとして生きています。これを「狭義の利己主義」

と定義すると、パワーパートナーは広義の利己主義と言えるでしょう。
人間の根本にあるのは、狭義の利己主義です。私たちの遺伝子に組み込まれた基本的な欲求です。しかし、成功者は「自分の望みを叶えるために、相手の望みを叶える。相手の望みを叶えないかぎり、自分の望みは叶わない」ことを知っています。成功は「広義の利己主義」によってもたらされるのです。

「自分と共に生きる人を、どうしたら物心共に豊かにできるだろうか」

これをいつも考えてください。なぜなら、相手が物心共に豊かになるということは、自分が物心共に豊かになることだからです。
パワーパートナーの概念が腑に落ちると、「聞く力」も高まります。相手の望みを知り、叶えていくことが、自分の望みを叶えることにつながるからです。

相手の望みを叶えることで自分の望みも叶う

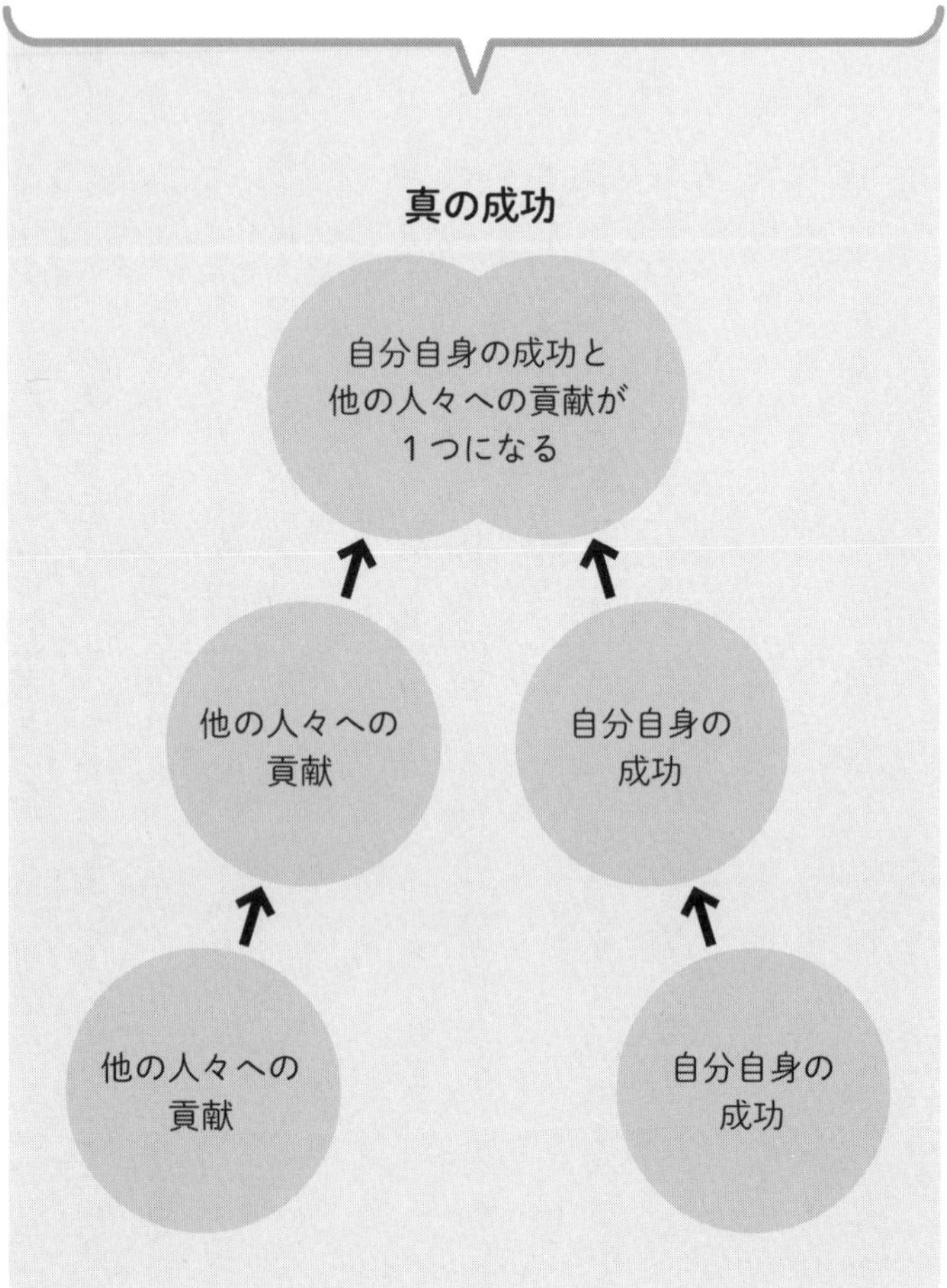
真の成功
自分自身の成功と
他の人々への貢献が
１つになる
他の人々への
貢献
自分自身の
成功
他の人々への
貢献
自分自身の
成功

自分の能力を「相手を勝たせる力」に

これまで自分の成功と人の成功を分けて考えてきた人は、思考を転換してみましょう。どんなに高い能力をもっている人でも、一人で発揮できる力はたかだか一馬力に過ぎません。自分にはない「人がもっている能力」を自分の能力として「活用」できるようになると不可能と思われていたことが可能になります。

多くの人の力を「利用」ではなく、「活用」させていただく。それと同時に、あなたがこれまでに培ってきた能力を、相手を勝たせるために活用できないか考えてみてください。

「相手の願望を叶えるために自分は何ができるか？」

「そのために自分のどんな能力を使えばよいか？」

これまで「相手に勝つ」ために使ってきたスキルやノウハウを、今度は「相手を勝たせる」ために使うのです。

「他人に勝つ」から「相手を勝たせる」に思考を転換した瞬間から、人への接し方が変わり、相手に対する興味や関心もこれまでとは違ったものになるでしょう。すべての判断基準が「相手を勝たせるために正しいことは何か」に置き換わるからです。

あるＩＴ経営者の方は、わたしの研修を受けて価値観が変わり、人生も１８０度変わりました。最初の研修でセルフカウンセリングをしたときに、「わたしは何を求めているのか？」という質問に対する答えは「お金」でした。

ところが、「わたしにとっていちばん大切なものは何か？」という質問を続けて、大事にしているものは「自分の家族」だと気づきました。

そこから大切な人の幸せを考え、周りの人たちと共に豊かになっていくために行動をするようになりました。
人は給料のためだけではなく、自らの欲求を満たすために仕事をしているのだと学び、社員をもっと幸せにすることを経営者の仕事と考え、何度も社員と面談を繰り返し、社員の要望を少しずつ会社に取り入れました。すると、社員が主体性をもって働くようになり、社員の期待に応えながら発展する会社に成長していったのです。

セールスであっても同様です。セールスは問題解決であり、セールスパーソンは問題解決のパートナーです。いい話をしよう、ではない。お客様が求めるものを明確にして、そのためにもっとも効果的な行動を選択できるようになってもらうためのお手伝いがセールス現場でのプレゼンテーションです。

多くの人は何事に対してもどこか他人事なのです。傍観者なのです。当事者意識が変わって、自分事と捉えて、健全に危機感が醸成されると行動します。
プレゼンテーションとは相手の思考を整理すること。人は理解が深まり、思考が整理されて腑に落ちると自らやってみたいと思います。よいプレゼンテーションとは意識変革、行動変容で完結します。

たとえば研修の参加者には、会社から言われて仕方なく受講している人たちもいます。そうした人たちに主体性をもって参加してもらうためにはどうすればいいのでしょうか？

人は自分の願望にないものには興味関心をもちません。セールスでも「新商品が出ました。買ってください」では売れません。

つねに相手の願望を尊重し、この話で得られるものは相手の願望実現にどう役に立つのかを伝え続けます。1対1のプレゼンテーションでも、マスプレゼンテーションでも同じです。でも、人はいきなり願望を聞かれてもわかりません。

そこで、「ぜひお話を聞かせてください。そのうえでお手伝いできることがあれば改めてご提案させてください」と、まずは教えていただく。医者が診察・診断したうえで処方箋を出すように、まずは相手を知ることです。

また、相手の話を聞くといっても鵜呑みにせず事実と解釈を見極めます。「景気が悪いね」ではなく、「経常利益は？　直近3期の業績は？　スタッフの人数は？」というのが事実です。それをもとに自分のできることをお伝えします。

わたしは経営者のお客様には自分が30年以上会社を経営してきた内容を伝えているだけです。選択理論心理学という理論に自分の実践してきたことが裏付けられているので、ロジックが通ります。

自分独自の方法で成功したければそれでもいいでしょう。人はつねに最善の行動を取っています。だから、効果的な行動が取れるようなお手伝いをするのです。純粋に成功したいのであれば、わたしが培ってきた知恵・経験は情報として分かち合うことができます。なぜなら能力開発そのものがわたしの人生だからです。

人はいつでもどこからでもよくなれるはずなのに、そうなれないのは、能力がないのではなく、情報と経験が不足しているからです。情報は先人から学べばいい。もっている人に聞けばいい。自分ではできないことも他人の力を借りれば実現します。

ですから、成功したいと願いながら、できないというのは自己概念の問題であって、あなたはそれを実現できる能力のある人に、パワーパートナーになってもらえるようにプレゼンテーションする責任があります。

もちろん、どんなに成功した人から学びたいと思っても選ばれる自分にならないと片思いで終わってしまいます。だから、能力を開発するのです。相手から付き合いたいと思ってもらえるように、自分の価値、魅力を上げることはコントロールできます。そうして得た知識・経験を分かち合うことは人生の喜びになります。

プレゼンテーションをせずに、ほんとうに自分の伝えたいことが伝えられないというのは、未来の可能性を閉じてしまっています。何を考え、どう行動し、どんな未来をつくっていきたいのか。伝えないと周りはわからないのです。

あなたにはあなたが人生で成し遂げたいことを伝える責任があります。なぜなら、あなたには価値があるからです。

人は「自分には価値がある」と思ったら価値のある行動を選択します。プレゼンテーションの土台は健全な自己概念です。伝えることは自己概念の表れです。自己愛、自信が溢れているから、あなたの価値が相手にも伝わるのです。

プレゼンテーションは自己概念の表れ

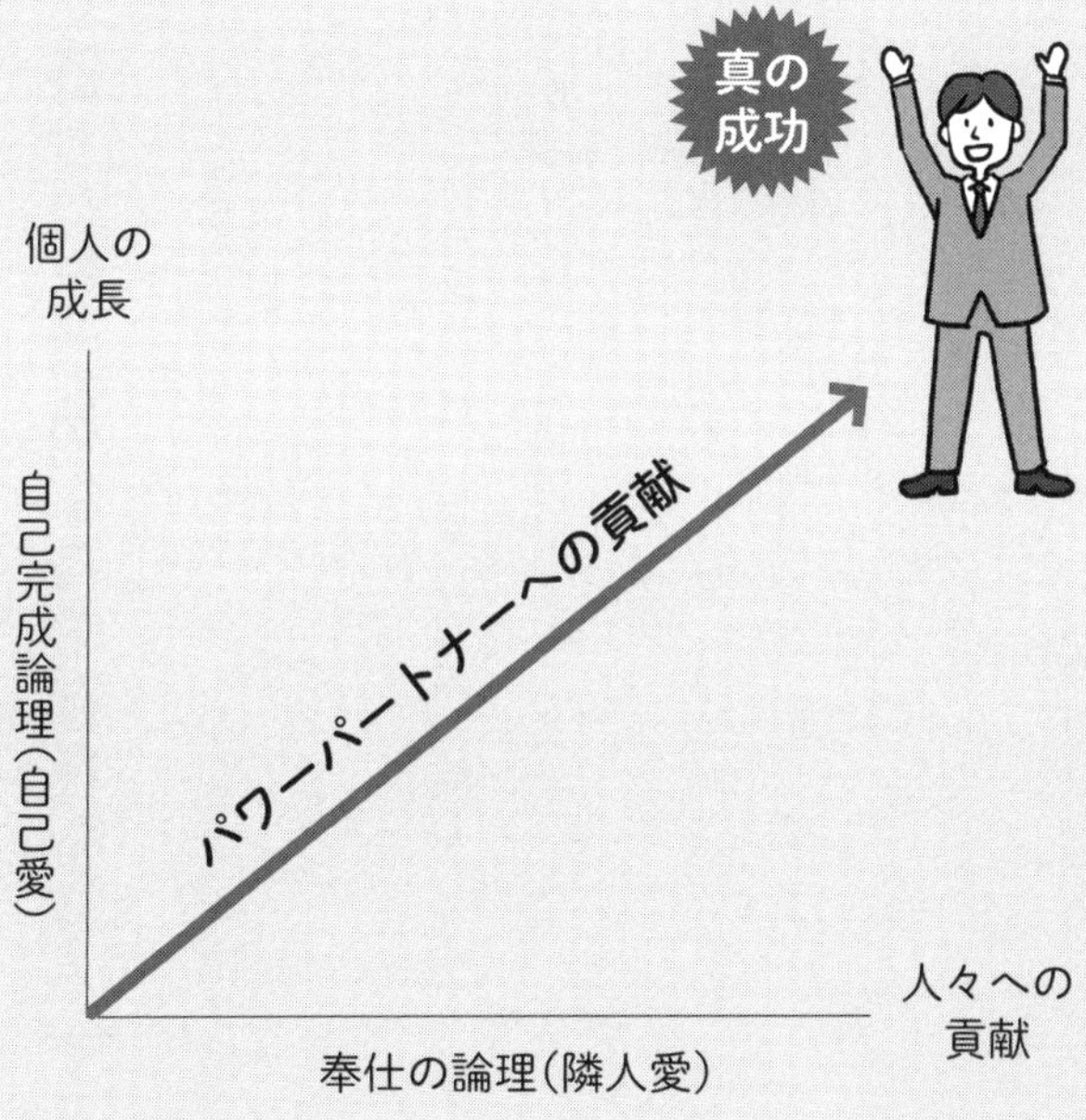
真の成功
個人の成長
自己完成論理（自己愛）
パワーパートナーへの貢献
人々への貢献
奉仕の論理（隣人愛）

成功を望むなら、自分の願望・目標は伝えても伝えなくてもいいものではない

誇張や盛った話はあなたの存在を軽くする

アチーブメントという会社は、営業教育の機関としてスタートしました。わたしが営業畑の出身で営業の世界で結果を出していたからです。

会社が少しずつ成長して、売上が10億、経常利益が2億、社員が50名になったときに、はじめてわたしは「経営」に関する本を出しました。

それまで一切経営に関する本は書いてきませんでしたし、講義やインタビューで経営に関する話をすることはほとんどありませんでした。わたしには経営を語るだけの「実」がなかったからです。

「実」は等身大の延長線にしかありません。等身大の範囲を超えてしまったら、それはすべて「虚」、悪く言えば「嘘」です。わたしはよく経営学ではなく経営を伝えているとお客様には言います。

「実」のないものに人は共感してくれません。心を動かされることはありません。

相手に何かを伝えるときにもっとも大切なことはなんでしょうか？「何」を話すかよりも、「誰」が話すかです。同じ話をするのであっても、話し手の姿勢、経験、経歴によって、聞き手の捉え方は大きく違ってきます。

ゴルフをやったことがない人からゴルフを学びたいでしょうか？
英語のできない人から英語のレッスンを受けたいでしょうか？
セールスをしたことがない人からセールスを教わりたいでしょうか？

もちろん答えは「ノー」ですよね。実のない言葉に価値はありません。
真実に付け加えられた誇張というのは、付け加えた分だけ真実を軽くするばかりか、あなたという人間の器さえも貶めてしまうことがあります。

ですから、相手に認められたいがために、話を誇張してはいけません。成功体験だけではなく、失敗も語り、ありのままの自分を伝えながら、目的・目標に向かって精一杯に生きる姿勢を見せることで、聞き手はあなたの人生をよくするためのパワーパートナーになってくれるのです。

蛇足ですが、リアルに話せるというのは言葉以外にもさまざまなメリットがあります。オンラインだと受講生数百人に対して、一人で話すため、相手の空気感や場の雰囲気を読み取ることができなくなります。リアルな場であれば会場の雰囲気も感じながら、聴き手には話が伝わりますが、オンラインでは一人ひとりが目の前の講師の一言一句に集中しているので、講師のプレゼンテーション能力はごまかしが利きません。

人は、人の力を借りないと何もできません。どんなに優秀な人であっても、一人でできることには限りがあります。

人の力を借りるためには、相手の望みを叶えることです。

相手の望みを叶えるから、自分の望みが叶います。

相手の望みを叶えるためには、相手のことを知らないといけません。相手の話をしっかりと聞き、相手の望みを汲み取る必要があります。


私自身、人の力を借りるために「聞く力」「話す力」を磨いてきました。北海道の函館から単身東京に出てきた10代の若者。お金もない、学歴もない、人脈もない。何もないわたしにできたのは、誰よりも長い時間働くことと、とことん人に尽くすこと、人を喜ばせることぐらいでした。


セールスマン時代、英語の教材を買っていただいたお客様には、その方に代わってスクーリングの予約も入れていました。わたしには1円にもならないことです。

しかし、お客様が英語を身につけるまでがセールスマンの仕事だと考えて、結果、スクールの先生と親しくなって、わたしのお客様を特別にフォローしていただける機会に恵まれました。商品にご満足いただけたお客様からはご紹介もたくさんいただきました。

すべてを計算しておこなっていたわけではありません。しかし、トップセールスマンほど相手の望みを知り、それを叶えることが自分の望みを叶える早道であることを知っています。

ですから、打算ではなく真心を尽くして相手の役に立つこと、喜んでいただけることを手を替え品を替え、提供します。

何かを得ようと思ったら、先にその代償を支払わなければならないのは原理原則です。たとえば、お客様を誘ってゴルフのコースに出るとします。一緒に回ってくれるお客様にはできるだけ気持ちよくプレイをしてもらいたい。そこでどうするか？キャディーさんがお酒が好きだったらビール券をプレゼントしたり、お酒を飲まない方にはお米券をプレゼントします。

すると、キャディーさんは一生懸命にサポートしてくれますし、気持ちよくラウンドできます。

わたしはお酒は飲みませんが、お客様が来られたときのために自宅にワインやウイスキーを常備しています。自分がお酒を飲まないからアルコール類は置かない、ということはしません。

皆さんも誰かの家を訪問するときには、手土産に菓子折りのひとつでも持参するでしょう。それと同じで、大切な人が楽しいときを過ごせるために代償の先払いをします。代償というとちょっと大げさかもしれませんが、「何をすれば喜んでいただけるのか」を考え、そのための準備をしておくのです。

「何」を話すかよりも、「誰」が話すかが大切

「実」がなければ共感もない
等身大で語る
「何」を話すかよりも「誰」が話すかが大切

力を貸す側のメリットも考えておく

お願いする場面では、相手にどんなメリットがあるのかもきちんと考えておくことが大事です。相手のためになる、会社のためになる、社会のためになると思えば、相手も力を貸しやすいし、借りるほうもお願いしやすくなります。

力を借りるときは、きちんとお返しを用意しておくことも大切です。有形でも無形でもかまいません。「お礼にこれだけのものをお渡しします」としなければ、自分だけがメリットを享受して、相手を負かすことになってしまいます。

わたしは、モノで十分なお返しができない若いときには、ひたすら相手の役に立つことを考えました。自分よりも経験も人脈も資本もある人です。そういう人がわざわざ自分のために動いてくださるのは、期待をかけてくださっているからです。

だからこそ、その期待を超える成果なり人間なりになろうと精一杯取り組みました。

すると相手からも「彼がもっとよくなれるようにサポートしてやろう」と、よい関係が出来上がっていきます。


相手のお役に立たせていただこう、その人のためにとことん尽くそう。そうした心持ちをもち続けることがパワーパートナーをつくり上げていきます。

自分だけがメリットを享受すると
相手を負かすことになる

力を借りるときは
きちんとお返しを用意しておく
メリットを提示すると
相手も力を貸しやすい

やってもいないことでできないとは言うな

「やってもいないことでできないとは言わない」

これはセールスマン時代、上司に言われた言葉です。

「いいか、青木、この世の中ってのは、やってもいないことをできないって言う奴が多い。だけどな、少なくともお前はやってもいないことでできないとは言うな」

まったく売れずに思い悩んでいたわたしへの叱咤激励です。わたしはマネジャーの言葉を素直に聞き入れ、営業のマニュアルを読み返し、マネジャー本人にも教えを請い、結果、トップセールスになることができました。このときの成功体験をきっかけに、人から「無理だ」と言われても、「無理だ」ということを簡単には受け入れない人間に生まれ変わったのです。

やってもいないことをできないとは言わない。これがわたしの生きる基本になりました。


つい最近も人から「無理」と言われたことをあきらめずに挑戦し続けた結果、実現することができました。専門の業者から「絶対になれない」と断られた、ゴルフ場の会員になることができたのです。

そのゴルフ場の会員権は、公募は一切なし。会員の人と一緒でないかぎり、プレイもできません。いくつかの業者に問い合わせてみましたが、どこも「あそこは敷居が高くてね。まず一般の人は入れません。無理です」とあっさりと断られました。

そこでわたしはスーツを着て、菓子折りを持って、ゴルフ場の支配人に会いに行きました。支配人と話をしてわかったことは、一切公募はしていないことと、会員になるには、メンバー2名以上の紹介が必要であることです。

支配人には、わたしがゴルフ場の会員になりたい理由のほかに、わたしの仕事やわたしの人となりをしっかりと伝えてきました。

わたしは、ネットワークをフルに使ってゴルフ場のメンバーを探しました。その結果、会員を一人見つけることができたのですが、もう一人がどうしても見つかりません。もちろんあきらめはしません。

ふたたび、スーツを着て、今度は菓子折りではなく、ワインの「オーパス・ワン」を手土産にゴルフ場を訪問し、支配人に現状を伝えました。

「紹介者が一人見つかりました。でも、もう一人がどうしても見つかりません。そこで支配人に頼みがあります。こちらの理事長をわたしに紹介していただけないでしょうか？」

人によっては、「なんて厚かましいお願いなんだ」と思われたことでしょう。しかし、わたしは一日も早く、このゴルフ場の会員になりたかったのです。支配人はしばし考え込み、最後にこう答えました。

「わかりました。理事長に聞いてみましょう」

それから数日後、支配人から連絡がありました。

「青木さん、理事長が承諾してくれましたよ。紹介者になってくれるそうです」

こうしてわたしは念願の会員になることができたのです。


このゴルフ場の一件では、がむしゃらにただ願望に向かって突き進んでいるように見えるかもしれませんが、決してそのようなことはありません。

きちんとロジックで考えて確信をもってから行動に移したのです。

ゴルフ場が一般公募をしないのは、おそらく顧客の質を下げたくないからでしょう。であれば、自分があのゴルフ場の会員にふさわしいと判断されれば、たとえ基準がどれだけ厳しくても、必ず会員になれる。わたしはそう判断しました。


人の力を借りるときは、ただ思いを伝えるだけではなく、理詰めで徹底的に考えてから行動に移すことです。その労力が「やってもいないことでできないとは言うな」この言葉の本質だと考えています。

やってもいないことでできないとは言わない

人の力を借りるときは
できる理由を理詰めで考えてから
行動に移す

自分に縁のある人を大切にする

大切なものを大切にする「生き方」こそが人生をよくする真髄だとわたしは考えています。ほんとうに大切なものはそれほどたくさんあるわけではありません。

話す力や聞く力を借りて、築き上げてきたご縁。65歳になっていちばん誇れるものは、自分に縁のある人を大切にする生き方を貫いてきたことです。

自分の家族。配偶者に対する責任はもちろん、子どもたちの養育責任にはとことんこだわってきました。

グループ会社も全部含めて200名以上の組織の最高経営責任者としての社員、お客様、取引先、協力会社に対する責任をまっとうすることも、わたしにとって非常に大切なことです。

両親が生きているうちには親孝行をしました。

友人も大切です。じつは、わたしの友人は多くが「雨天の友」です。相手がいちばん苦しかったときに寄り添い、信頼関係を育み、よい関係が続いています。

内から外へ。自分が変われば世界が変わる。「インサイド・アウト」の生き方を大切にしていきましょう。誰に会い、誰と過ごすか、何にお金を使うかは、自分で決めることができます。

「もっとああしておけばよかった、こうしておけばよかった」と後悔しないように、毎日を精一杯生きる。充実した一日を追求する。自分に正直な人こそが、人生の勝利者になれるのです。

自慢話や悪口、世の中への不平不満が多い人の価値観はわたしとは合わないので、相手に失礼のないよう配慮しながら、早めに会話を切り上げるようにしています。価値観の合わない人と過ごす時間は、大切なものを失っているからです。

「わたしはこういう価値観の人間です。あなたはそういう価値観の人間ですね。わたしはあなたにはなれないし、あなたもわたしになる必要はありません。お互いに自分の価値観を大切に生きていきましょう。今後ご縁があれば、その縁を大切にしましょう」

こうした姿勢は仕事においても同じです。立場上、反論したり、意義を唱えたりはできなかったとしても、迎合はしない。「そういう価値観もあるのか」と受け流し、「自分は自分、相手は相手」と考える。

自分は自分。相手は相手。自分は相手になることはできませんし、なる必要もありません。

インサイド・アウトに生きる

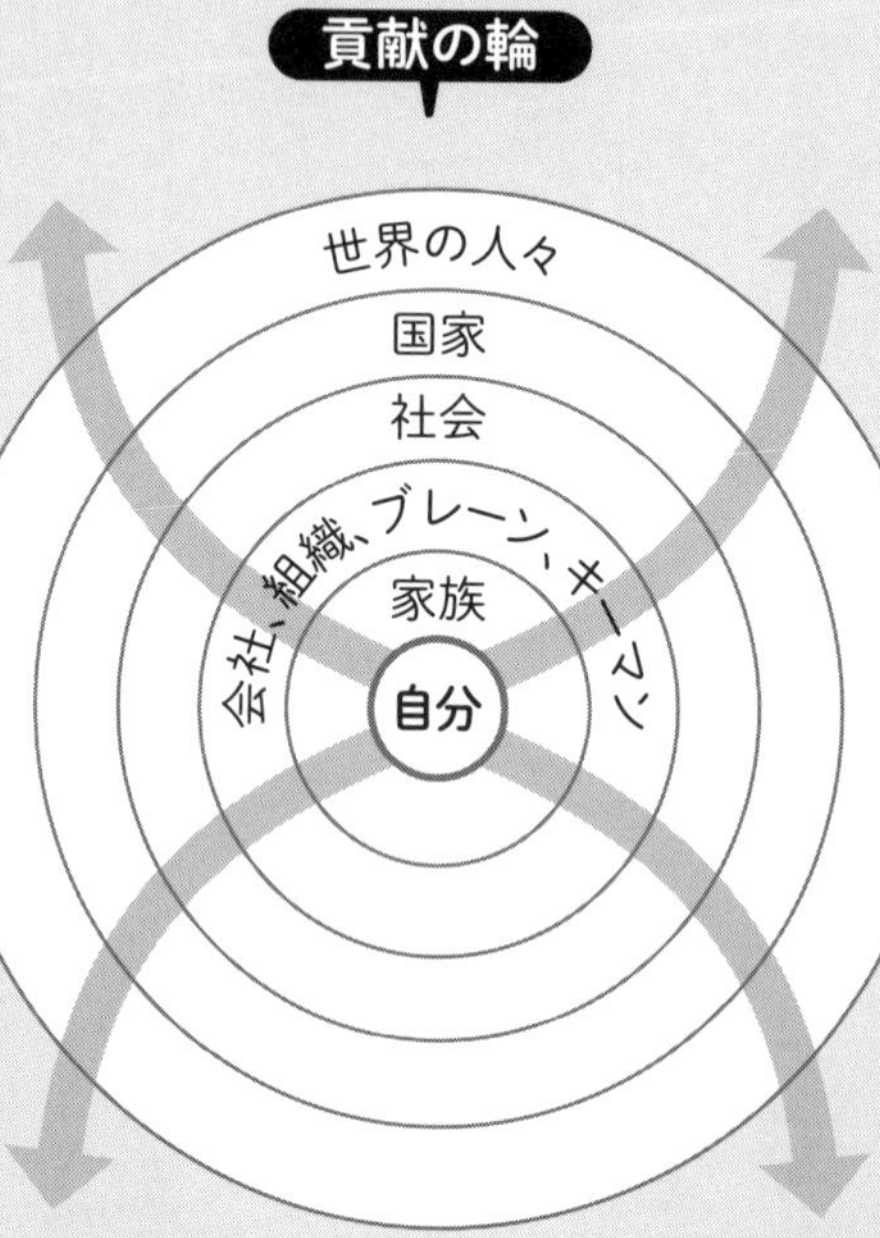
貢献の輪
世界の人々
国家
社会
会社、組織、ブレーン、キーマン
家族
自分

身近な人から大切にしていく

すべては自分で選択できる

あなただけがあなたをコントロールできるのです。あなた以外の何人たりとも、あなたを変えることはできません。

「自分だけが、自分の人生の舵を取ることができる」

裏を返せば「他人は変えられない」「変えようとしてはいけない」ということです。

自分の価値観を相手に押しつけることよりも、相手の願望を知り、その願望を叶えることでパワーパートナーになる。そのほうがずっとよい人生を送ることができる。

それは、夫婦でも親子でも恋人でも同じです。相手に気に入らないところがあったとしても、変えようとしてはいけません。相手の気質や性格はそう簡単には変わらないからです。では、どうしたらよいでしょうか？

変わらないことを前提に、それでもうまくやっていく方法を考えるのです。


ある人から仕事から帰ってくるのが遅い。子どもの面倒を見てくれない。家事を一切手伝ってくれない。仕事一筋で、ほとんど家におらず、学校の行事にもあまり参加してくれない配偶者を不満に思っているという相談を受けました。


「ほんとうにそのお悩みはよくわかります。旦那さんのことを思えば思うほど、理想の父親像や理想の夫としてのイメージを描いて、実際そのイメージと今の行動というのは大きく食い違っていることをよく感じました。

ところで、ひとつ質問があります。旦那さんは生活費を家に入れないということはあるんですか？」

「え、そんなことはありません。毎月の生活費だけはきちっと入れてくれています。そういった心配は一度もありませんでした」

「それでは、ほかに女性がいたり、誰かと外泊したりするようなことは？」

「そんなことは絶対にありません」

「いわゆるドメスティックバイオレンスのような暴力をふるったり、激怒してひどく当たるようなことはありますか？」

「そんなことはしません。わたしと言い争いになったときには、ふてってしまったり、自分の部屋にこもってしまったりして、嫌だなと思うことがありますが、わたしや子どもたちに手を上げたことは一度もありません」

「世の中には、今、わたしが言ったようなことで悩んで、離婚を考えている人はたくさんいます。その点、旦那さんは一生懸命に仕事に打ち込んでいるようです。

そこでわたしからの提案なんですが、少し時間をかけて、解決できるように計画してみてはどうでしょうか？

いきなり劇的に変わってもらいたいという気持ちを置いて、少しずつ自分の価値観を認めてもらえるような接し方をしていくというのはどうでしょうか？

大事なことは『相手に変わってもらいたい。こうでなければ嫌だ』ではなく、旦那さんがまったく変わらなかったとしても、夫婦生活をまっとうでき、どうしたらそのなかで幸せを見出していけるかではないですか？

同時に旦那さんがまったく変わらなかったとしても、自分が幸せになるためにどんな選択ができるかも考えてみましょう。たとえば、習いごとを始めるのもいいでしょう。働きに出るのもいいかもしれません。何か新しいことを始める前提で一度考えてはみませんか？」

人には知覚の窓があり、4つの世界で現実を捉えています。変えられないものに焦点を当てるのではなく、変えられるものに焦点を当てながら、相手の立場や状況をよく理解したうえで、自分の願望が満たされるよう、相手を導いていくのが良好な人間関係を築くためのポイントです。たとえば、学校の行事に参加できるように「早めに伝える」、自分が疲れているときは「家事をお願いしてみる」、週に1回程度は早めに帰宅して「家族揃って食事をする」など、さまざまな方法が考えられます。

「相手に変わってほしい」と自分の願望を押しつけるのではなく、よい人間関係を育むことを最優先に、そのなかで、自分が大切にしていることを少しずつ実現していきましょう。

他人は変えられないことを前提に付き合う

変えられるものに焦点を当てながら、
相手の立場や状況をよく理解したうえで、
自分の願望が満たされるよう、
相手を導いていく

知覚の窓

自分にも他人にも知覚できる世界	自分には知覚できるが他人には知覚できない世界
自分には知覚できないが他人には知覚できる世界	自分にも他人にも知覚できない世界

決意がもつ力

これからあなたが実践していくことは、あなたの中の「無理だ」という否定との戦いなのです。「この本の内容はわかりました。でも、今自分が置かれた境遇はもっとひどい状況です」と感じる人もいるかもしれません。

確かに人はそれぞれスタートが違います。育ってきた環境も何もかもが違います。ただ、どんな環境であろうが、どんな境遇だろうが、誰にでも平等なことがあります。それは、あなた自身が変えようとしないかぎり、絶対に変わらないということです。

〝決意がもつ力〟こそ、何もないところからわたしが能力開発を探究し続けることができた大きな理由です。それはあなたの中にもあります。

ほんとうに強い決意はメンタルの基盤です。自分で決めたことは他人にどう思われようと、止められようと、あなた自身が変えようとしなければ絶対に変えられません。それでも「青木さん、あなたはわたしのことをまったくわかっていません」と言うかもしれません。それならわたしこそ言いたい。「あなたこそ、わかっていない。あなたがどれだけ可能性に満ちた存在なのか」。

どれだけ後ろ指を指されようが、否定されようが、失敗をして他人に迷惑をかけようが、あなたのもっている決意だけはあなたが変えないかぎりは絶対に変えることはできません。

今、あなたの周りの人、環境、生まれもったもの、そういったものの要因によって片隅にでも、あなた自身が「できないんじゃないか」と思っていることがあれば、それは違います。あなたが「こうするのだ！」と決めた意思は何があっても守ってください。なぜなら、あなたの決意がこれからのあなたの人生を育むからです。「これだけは大切にしよう、守ろう」というものがあなたになければ、ブレないメンタルは絶対に生まれません。

強い決意があれば、それを守るためにブレなくなります。これはあなたが目標達成するために、不可欠なものです。

「絶対に変わるのだ」と決断することです。自分がこうなると決めることには、誰も邪魔をしません。あなたがすでに何かの成功者である必要もありません。すべてはあなたの心の中の問題です。

冒頭で述べたように、話し方を磨くとは、人生を制することと同じなのです。自分の思いを叶える。そのために他人に最大の協力者になってもらうということは、あなたが描く「こうしたい」というものをはっきりと示し、それによって相手が望むものが手に入ると伝えることです。だからこそ、あなたがほんとうに大切にしたいものを突き詰めねばなりません。

何かを変えるための行動を始めるときには、必ず決意が先にきます。「なんとかできたらいいな」という意識では絶対にめざすところへはたどり着けません。しっかりと「こうするんだ」という決意があって、そこからスタートするのです。

自分の人生の舵を自分でとると心に決めることです。その瞬間、あなたはあなたにコントロールできるものだけに集中するようになります。コントロールできることに集中すると、すべてが変えられるもの、可能性に変わっていきます。

あなたがどんな生い立ちでも、どんな境遇に置かれていても、どんなに経験値がなくても、ここからどこまであなたができるか、1年後、2年後、3年後にどれだけ変わっているか。今思い描く理想をすべて実現する可能性は、どんな人にも平等にあります。

人生はその人の思い込みで決まってしまいます。自分はここまでしかできないと、自分で決めてしまったらそこまでしかいきません。それをひっくり返そうと、あなたが自信を突き詰めれば、自分の能力を開花することができます。あなたの可能性は無限大であることを自分に伝え続けてください。

おわりに

ここまで、伝える技術がいかに大切かを述べてきました。何かを伝えるというときのメッセージの本質にあるものについて、最後にお話しします。

私たちは何か新しいことを身につけたり、結果を出したいときに、どうしても知識やスキルに流れてしまいがちです。たしかにこれらなくして成果は出せません。でも、「伝える」ということを考えたときには、なぜそれを伝えるのかという目的、純粋さ、相手に喜んでもらいたいという心が何よりも重要です。

たとえば、今、コロナ危機を理由に不要な社員を削減して、コストダウンを図る経営者もいます。しかし、わたしはコロナ禍においても、どうしたらもっと従業員にも喜んでもらえるだろうか、どうしたらもっと物心共に豊かにできるだろうかということをつねに考えています。

自分が幸せになりたければ周りの人を幸せにする。
自分が成功したければ、周りの人を成功者にする。

これが成功の原理原則です。

聖書には「自分を愛するように、あなたの隣人を愛しなさい」という言葉があります。隣人とは目の前の人です。今、あなたの目の前の人を大切に、誠実に生きていけば、必ずよい人生への道が開いていきます。

家族を思いやる。
友人を思いやる。
仲間を思いやる
周りの人を思いやる。

相手を思いやるのが「愛」です。相手を思いやる気持ちがあれば、パワーパートナーとして、最大の協力を得ることもできます。これがコロナ渦でも黒字経営を継続できている最大の理由であるとも思っています。

わたしは、痛みを伴う葛藤のなかで、小学生のころから新聞配達をしなければならないような貧しい家庭で育ちました。17歳で高校を中退し、ふうてんバッグひとつで青函連絡船に乗り、いちばん安い夜行列車で東京に出てきて社会人生活をスタートしたときには、履歴書の必要ない八王子の鉄工所の溶接工見習いでした。

その後、23歳で前述したナポレオン・ヒルの『成功哲学』と出会い、自分なりに目標に向かって精一杯努力したことは間違いありません。

しかし、振り返ってみれば、従業員200名規模のグループ経営をする今に至っているのは、何より「人を大切にする生き方」を大切にしてきたからだと実感しています。

当たり前のことを当たり前に、特別に熱心に、しかも徹底的にやり続けていれば、自然と周りから用いられて、その人の人生は確実によくなっていきます。成功とは特別な人に与えられた資格ではありません。

２００９年に『一生折れない自信のつくり方』が刊行されて、おかげさまでシリーズ30万部を超えました。本書はその集大成です。前著も含めて、大変多くの方に読んでいただき、心より感謝しています。そして、60代の半ばでこの本を出すことができたのは、家族、出版社のスタッフ、グループ会社の従業員全員のおかげです。ほんとうに多くの人たちの力を借りて今があります。

一生付き合えるパワーパートナーを見つけるためには、まず相手の願望を知るための「聞く力」、そしてその願望を共通の目的に向かって実現する「話す力」を磨きましょう。その際、大事なことは「やり方」よりも「あり方」です。

頭で話せば頭に入る。
心で話せば心に入る。
口先で話せば口先だけのものになってしまいます。
心を込めて話せば真心のこもった言葉になります。

相手を思いやるという「愛」、相手のためにどうしても伝えたいという真心が、メッセージの本質にはあります。

言葉自体が人を動かすのではありません。
言葉に秘められた「誰かのために」という思いが人を動かします。

青木仁志

2020年12月

[著者プロフィール]
青木仁志（あおき・さとし）

北海道函館市生まれ。若くしてプロセールスの世界で腕を磨き、トップセールス、トップマネジャーとして数々の賞を受賞。その後に能力開発トレーニング会社を経て、1987年、32歳で選択理論心理学を基礎理論としたアチーブメント株式会社を設立。会社設立以来、42万名の人財育成と、5,000名を超える中小企業経営者教育に従事している。

自ら講師を務める公開講座『頂点への道』講座スタンダードコースは28年間で700回毎月連続開催達成、新規受講生は36,574名を数え、国内屈指の公開研修へと成長している。

同社は、Great Place To Work® Institute Japanが主催する「働きがいのある会社」ランキングにて5年連続ベストカンパニーに選出（2016-2020年度、従業員100-999人部門）され、また、日経新聞による『就職希望企業ランキング』では、社員数300名以下の中小企業にて最高位（2014年卒対象 就職希望企業ランキング第93位）を獲得。2019年4月からは一般社団法人 日本経済団体連合会に加入。

現在では、グループ6社となるアチーブメントグループ最高経営責任者・CEOとして経営を担うとともに、一般財団法人・社団法人など4つの関連団体の運営と、医療法人の常務理事を務めている。

2010年から3年間、法政大学大学院政策創造研究科客員教授として教鞭を執り、「日本でいちばん大切にしたい会社大賞」の審査委員を7年間歴任。また、復旦大学 日本研究センター客員研究員、公益社団法人 経済同友会 会員としても活動している。

著書は、30万部のベストセラーとなった「一生折れない自信のつくり方」シリーズ、松下政経塾でも推薦図書となった『松下幸之助に学んだ「人が育つ会社」のつくり方』（PHP研究所）、『志の力』など累計60冊。解題は、ナポレオン・ヒルの『新・完訳 成功哲学』をはじめ、計5冊。一般社団法人日本ペンクラブ正会員・国際ペン会員としても活動。

[その他肩書]
医療法人社団友志会　常務理事
一般財団法人　日本プロスピーカー協会（JPSA）　代表理事
一般財団法人　ウィリアムグラッサー記念財団　理事長
一般社団法人　日本ビジネス選択理論能力検定協会　会長
日本選択理論心理学会　副会長
一般社団法人日本CBMC　理事長
認定特定非営利活動法人　日本リアリティセラピー協会　専務理事
「日本でいちばん大切にしたい会社」大賞　審査員（2011年～2017年）
一般社団法人日本ペンクラブ　正会員
東京中央ロータリークラブ　会員
公益社団法人　経済同友会　会員
法政大学大学院　政策創造研究科　客員教授（2010年～2013年）
復旦大学　日本研究センター　客員研究員（2017年～）
一般社団法人パフォーマンス教育協会　理事（2019年4月～2022年3月）
東京商工会議所　教育・人材育成委員会　委員（2020年1月～2022年10月）

■ブログ　http://www.aokisatoshi.com/diary
■フェイスブックページ　https://www.facebook.com/achievementaoki
■ツイッター　@aokiachievement

アチーブメント出版

[twitter]
@achibook

[facebook]
https://www.facebook.com/achibook

[Instagram]
achievementpublishing

一生折れない 自信がつく話し方

2021年（令和3年）1月8日　第1刷発行

著者 ―――――― 青木仁志

発行者 ―――――― 塚本晴久
アチーブメント出版株式会社
〒141-0031 東京都品川区西五反田2-19-2
荒久ビル4F
TEL 03-5719-5503／FAX 03-5719-5513
http://www.achibook.co.jp

装丁・本文デザイン ― 轡田昭彦＋坪井朋子
イラスト ―――――― 坪井朋子
編集協力 ―――――― 津村匠
校正 ―――――― 株式会社ぷれす
印刷・製本 ―――――― 株式会社光邦

ISBN 978-4-86643-080-5